高校思想政治
教育工作理论与实践

陈燕　张艾玲 ◎ 著

辽宁人民出版社

图书在版编目(CIP)数据

高校思想政治教育工作理论与实践 / 陈燕，张艾玲
著 . -- 沈阳：辽宁人民出版社，2025. 2. -- ISBN 978-
7-205-11470-1

Ⅰ . G641

中国国家版本馆 CIP 数据核字第 202585JA94 号

出版发行：辽宁人民出版社
　　　　　　地址：沈阳市和平区十一纬路 25 号　邮编：110003
　　　　　　电话：024-23284325(邮　购)　024-23284300(发行部)
　　　　　　http://www.lnpph.com.cn
印　　刷：辽宁一诺广告印务有限公司
幅面尺寸：170mm×240mm
印　　张：13.25
字　　数：200 千字
出版时间：2025 年 2 月第 1 版
印刷时间：2025 年 2 月第 1 次印刷
责任编辑：张天恒　王晓筱
装帧设计：中知图印务
责任校对：吴艳杰
书　　号：ISBN 978-7-205-11470-1
定　　价：68.00 元

前　言
PREFACE

　　思想政治教育是一项针对人的思想领域进行的教育活动，旨在帮助人们解放固有的思维束缚，并以这种解放的思想来指导实际行动。其核心目的在于唤醒人们内心深处沉睡的思想，激发其积极向上的精神力量，确立正确的方向，并坚定地朝着这一方向前进。在人类社会中，思想政治教育不仅普遍存在，而且是不可或缺的。一个国家或民族，即便经济实力雄厚，若精神层面萎靡不振，也难以在世界民族之林中立足，更无法赢得国际社会的尊重与仰慕。

　　大学生作为国家未来的栋梁和民族的希望，其思想政治教育的成效直接关系到他们社会化的进程以及中国特色社会主义事业建设的成败。在科技迅猛发展的当下，新技术、新产品、新业态、新模式不断涌现，社会思想领域亦呈现出日益活跃的变化。成长于这一时代的大学生，其校园环境、社会环境以及舆论环境都经历了翻天覆地的变革，他们的思想和价值观呈现出多元化、多样化和多变性的特点。在这样的时代背景下，高校思想政治教育的重要性愈发凸显。

　　随着科学技术和信息技术的不断进步，各种社会思潮和思想文化相互碰撞、交融，对当前大学生的理想信念和价值观产生了深刻的影响，使得他们的思想变得更加复杂。从宏观层面来看，政府、社会和家庭需要积极参与，提供必要的支持与帮助；从微观层面来看，全体教职工需齐心协力，以身作则，通过言传身教的方式，实现教书育人的目标。在高等教育体系中，思想政治教育的地位始终不可动摇，无论过去、现在还是将来。当前，高校思想政治教育工作仍需不断革新，以适应教育面临的新挑战和大学生思想发展的需求。

创新是发展的驱动力，创新的旅程永无止境。因此，积极探索新时代下高校思想政治教育的新特点和新规律，不断提高其时代性、创新性和实效性，是承担历史赋予的重任，促进高校思想政治教育发展和大学生健康成长的关键。因此，我们期望在高校思想政治教育领域涌现出更多创新者、开拓者和引领者，并真诚地希望广大思想政治教育工作者，在推动思想政治教育创新的道路上，不懈努力、持续前行、不遗余力，为立德树人的崇高事业贡献更大的力量。

本书从思想政治教育的定义、内涵、理论基础、价值、原则、发展历程及趋势等方面进行阐述。接着，介绍了高校思想政治教育工作的特征、内容、目的、任务，并分析了高校思想政治教育工作面临的机遇和挑战。此外，书中还探讨了高校思想政治教育工作队伍建设的原则、意义、保障机制，以及高校思想政治教育工作的长效机制建设，包括保障机制的加强、评价机制的优化和环境机制的改进。最后，本书还提出了高校思想政治教育工作的创新发展，包括观念、内容、方法、制度等方面的创新。

目 录
CONTENTS

第一章　思想政治教育工作总论

第一节　思想政治教育的定义和内涵

　　思想政治教育的定义，是指对其内涵进行的简洁而精确的阐释。思想政治教育的概念，作为思想政治教育学领域的基础性及核心概念，自20世纪80年代提出"思想政治工作是一门科学"以来，一直是学界探讨的焦点，持续至今未曾间断。[①]

一、思想政治教育概念的诠释

　　"思想政治教育概念"构成了思想政治教育学的核心与基础，是一个元概念；它既是思想政治教育理论构建与实践操作的起点，也是深入探讨思想政治教育相关理论与实践问题的基石。通过对思想政治教育概念的深入研究，旨在深化对思想政治教育本质的理解，拓展思想政治教育学科的内在发展空间，丰富其知识体系，增强"研究自信"。

　　至今，思想政治教育概念尚未得到权威性的阐释，其根本原因在于，长期以来，"思想政治教育是什么"一直是一个亟待解答的问题。正是这一问题的持续追问，促使人们不断探索思想政治教育概念的本质。尽管思想政治教育学科已经建立，但关于"思想政治教育是什么"的问题仍未得到明确解答。目前，思想政治教育这一概念尚缺乏科学的界定和充分的论证，其定义尚不明确。在其他理论与实践领域，思想政治教育的命名亦未达成一致。

　　在思想政治教育的实践与理论研究领域，常见"政治工作""思想工作""政治思想工作""思想政治教育""思想教育""思想理论教育"

---

①陈胜国. 新时代高校思想政治教育创新发展研究[M]. 北京：印刷工业出版社,2019.

"德育"等术语，由于其语义相近，导致使用上的混淆现象频发，这不仅影响了公众对思想政治教育的接受与认同，而且对思想政治教育学科的健康发展构成了障碍。因此，对这些术语进行明确区分，已成为思想政治教育理论研究的关键议题。从学术角度出发，主要存在以下几种观点。

第一，通过系统整理学术界对"政治工作""思想政治教育""思想工作""德育"这四组概念的研究成果，从内容的政治属性、工作涉及的领域以及工作对象三个维度进行比较分析，指出政治工作、思想政治教育、思想工作在性质上具有共通性，均具有强烈的政治色彩，并且拥有共同的工作对象，尽管其范围存在差异。德育虽以思想道德为核心领域，但同样受到政治因素的影响。

在实际活动中，思想政治教育可概括为三种模式：政治工作模式、思想政治工作模式和思想政治教育模式。这三种模式虽有共同的起源和传统，但在现实层面展现出不同的特点，应当促进彼此间的交流与合作，共同推动思想政治教育的科学化发展。

第二，对政治工作、思想政治工作和思想政治教育进行了深入辨析。认为政治工作是这些概念中的核心概念，组织工作、干部工作、统战工作、纪检工作等均属于政治工作的范畴。思想工作则涵盖政治性与非政治性两个方面，其中政治性思想工作属于政治工作的一部分，而非政治性思想工作则是思想工作的主要内容，不属于政治工作的范畴。思想工作与政治工作在内涵和外延上具有相对独立性，二者不可等同。思想政治教育则是政治工作中的思想性部分与思想工作中的政治性部分的综合。尽管思想政治教育与政治工作、思想工作存在交叉，但其具有特定的内涵和外延。思想政治教育是受政治因素制约的思想教育，侧重于思想理论方面的政治教育，其外延包括思想教育、政治教育和道德教育。

第三，对道德教育、德育和思想政治教育三者之间的关系进行了明确区分。道德教育的涵盖范围相对较小，主要关注对受教育者进行道德认识、道德情感、道德意志和道德行为的培养，内容涉及社会公德、家庭美德、职业道德和个人品德。学校德育的研究内容与思想政治教育的研究内容均包含政治教育、思想教育和道德教育，但学校德育的研究对象范围相对有限，主要针对在校青少年学生群体。思想政治教育的研究对象范围最为广泛，包括学校、企业、农村、社区、军队等不同领域的思想政治教育。

第四，对政治工作与思想政治教育、政治思想工作、思想政治教育与政治思想工作进行了细致的辨析。政治工作与思想政治教育、政治思想工作之间存在整体与部分的关系。政治工作涵盖思想工作和组织工作这两个基本方面，还包括干部队伍建设、共青团建设、青年工作、民主制度建设、纪律检查和行政监察工作、文艺体育工作等。而思想政治教育或政治思想工作，主要指涉思想政治方面的教育，即思想工作。因此，政治工作是整体，思想政治教育或政治思想工作是政治工作的组成部分。思想政治教育与政治思想工作在侧重点上有所不同，但本质上并无差异。思想政治教育侧重于思想教育，而政治思想工作则侧重于政治教育。

上述四种观点对思想政治教育、政治工作、思想政治工作和德育等概念进行了系统的梳理和辨析，有助于重新认识和辨识这些概念的差异性和共性，有助于区分这些易混淆概念的内涵和外延，有助于深化对思想政治教育概念的理解。

在历史上，人们在使用"思想政治教育"这一术语时，并未对思想政治教育、思想政治教育实践、思想政治教育学以及思想政治教育学科进行明确区分，或者缺乏有意识的辨识。这种缺乏区分的情况，对于理解思想政治教育的本质、推进思想政治教育的实践活动以及学科建设均造成了不利影响。相反，对这些概念进行明确区分，对于科学研究、实践活动以及理论对实践指导功能的发挥均具有积极意义。例如，在讨论两个"思想政治教育"时，这两个术语所指代的含义是不同的：前者指的是广义上的"思想政治教育"，而后者特指"思想政治教育实践活动"。在未对"思想政治教育"概念进行区分的情况下，相同的术语在前后文中需要依赖上下文来理解，这可能导致理解上的模糊。一旦有了明确的区分，便可以直接明确指出所讨论的对象，从而使得表达更为清晰。因此，对思想政治教育概念进行区分，不仅是思想政治教育学的基础知识，也是思想政治教育工作应当遵循的基本原则。

二、思想政治教育的内涵

思想政治教育的内涵构成了该学科的核心议题，其研究与进展必须建立在对思想政治教育内涵的科学理解之上。通常而言，思想政治教育是指国家为了维护社会制度、巩固政权、稳定社会秩序以及促进社会与个人的全面发展，通过各种社会组织，对社会成员进行有计划、有组织的引导、激励和说服活动。这些活动融合了社会价值体系、规范体系、个体需求以及现实问题等多方面内容，目的在于培养能够积极践行社会价值体系和规范体系的个体。

（一）思想政治教育具有国家专有性

思想政治教育乃国家维系社会制度、巩固政权、维护秩序、推动社会个体发展之活动，承载国家意志，展现出强烈的国家属性与阶级特征。

第一，思想政治教育乃国家形成后所产生的一种社会活动，换言之，其为阶级社会之产物。阶级出现于社会之中，国家随之诞生，国家成立之后，便催生了思想政治教育的实践行为。

第二，思想政治教育并非仅在阶级与国家形成之后方才出现，它亦是国家特有的职能，唯有国家方能引领思想政治教育的实践。国家作为统治阶级实施阶级统治的工具，反映的是统治阶级的意志，任何其他社会组织擅自进行的活动均不得称之为思想政治教育。

第三，思想政治教育具有国家永恒性。自阶级国家形成以来，思想政治教育便与之相随而生，用以维护阶级统治。只要国家继续存在，此类教育实践活动便不会消亡。从这一角度而言，思想政治教育与法律的存续紧密相连，只要阶级与国家依旧存在，维系阶级与国家的工具便不可或缺。

（二）思想政治教育具有国家意志性

第一，思想政治教育的国家共有性和差异性。思想政治教育自国家形成之初便已萌芽，作为一种专属国家的实践行为，其存在与国家的存续紧密相连。这表明，任何国家都不可避免地会进行此类实践。此外，尽管不同国家因阶级属性和国家意志的差异而采取不同的教育形式，但其共同目标在于维护各自的国家意志。在古代社会中，思想政治教育已有所体现；而在现代社会，所有国家均开展思想政治教育实践，尽管这些实践的名称各异，形式或明或暗，但其核心目的相同，即维护政权的稳定性和社会制度的认同。

　　第二，思想政治教育的阶级性和社会性。思想政治教育必须彰显国家意志，即反映国家的主张、利益和要求。在现实层面，这些主张、利益和要求的核心体现为维护国家制度和政权的稳定。若无制度和政权的稳定与巩固，国家利益将无法得到保障，这一点彰显了思想政治教育的阶级性。除此之外，思想政治教育亦具有社会性。其社会性源于两个方面：首先，统治阶级在掌握国家政权后，继承了历史上社会的组织管理职能，包括维护人民基本生活条件等社会公共管理事务，并以社会的名义进行管理，因此必须将不违背自身意志和利益的社会要求贯彻实施；其次，社会管理是国家不可或缺的责任，只有管理好社会，才能更有效地实现自身意志。因此，在追求思想政治教育目标时，也必须将社会稳定作为其目标之一。因此，代表统治阶级利益的思想政治教育，在实践中既要维护本阶级的利益，同时也要持续关注社会利益的实现。

　　第三，思想政治教育视域中社会的发展与人的发展。实际上，思想政治教育不仅维系国家制度与政权的稳定，还肩负着解决社会成员及社会自身发展问题的重任。它具备促进社会与个人发展的功能，而社会发展与个人发展亦是国家意志的体现。国家政权若能更充分地代表社会成员的意志，则越能将个人发展置于恰当的位置，对个人发展的重要性认识得越清晰，就越能积极地推动其发展。由此可见，思想政治教育的目标追求具有层次性，旨在通过制度维系来巩固政权，稳定社会秩序，并促进个人与社会的发展。

第二节　思想政治教育工作的理论基础

　　每一门学科均拥有其理论根基，思想政治教育学科亦不例外。作为一门肩负特殊使命的独立学科，思想政治教育学必须以马克思主义的完整科学体系作为其理论基础。鉴于马克思主义乃我国立党立国之根本指导思想，亦是全国各族人民共同奋斗的理论基石，全面而准确地理解马克思主义及其在中国的发展，构成了思想政治教育学科持续丰富与发展的理论源泉。同时，马克思主义理论作为一门发展的科学，强调"必须根据当时的历史条件进行相应的转变"，因此思想政治教育学科亦需随着马克思主义理论与社会实践的进步而进步，这是学科理论建设与完善之客观需求。马克思主义理论学科的建立，为思想政治教育学科的发展提供了机遇与建设平台。中国特色社会主义理论体系作为马克思主义在中国的发展，为思想政治教育学科体系的丰富性增添了内容。思想政治教育的主要对象为人，其理论发展必然要关注人学基础。社会主义核心价值体系的提出及相关的社会实践，既向思想政治教育学科建设与发展提出了新的挑战，也为思想政治教育学科建设与发展提供了核心内容，有助于解决思想政治教育所面临的重大理论与实践问题，提升思想政治教育的水平，从而发挥其应有的作用。①

一、马克思主义哲学的世界观和方法论

马克思主义哲学是人类科学与哲学思想发展的辉煌成果，构成了马克思主义理论体系的核心部分。它包括辩证唯物主义和历史唯物主义，以整个世界为研究对象，旨在揭示自然界、社会及人类思维发展的普遍规律。作为认识世界和改造世界的重要思想工具，马克思主义哲学为无产阶级及其政党提供了完整而彻底的世界观和方法论。

思想政治教育学所阐述的理论，是马克思主义哲学原理在实践中的具体应用。辩证唯物主义和历史唯物主义的基本原理贯穿于思想政治教育的整个过程，因此，马克思主义哲学自然成为思想政治教育学研究的指南和理论基础。

辩证唯物主义的核心原理认为物质是本原，意识是派生的，物质决定意识，而意识对物质具有能动的反作用。马克思主义强调意识的反作用，这与唯心主义史观对意识作用的夸大存在本质上的差异。基于此，马克思主义重视先进社会意识的作用，强调理想的重要性，并将其视为发展无产阶级意识的关键手段。因此，用先进的、科学的思想教育和武装广大人民群众，提升他们认识世界和改造世界的能力，引导他们为实现远大的社会理想而奋斗，成为无产阶级实现历史使命的客观要求。

在实际工作中，"思想领先"体现了意识能动作用的重要方面。正确

---

① 廖启云. 现代化视域下思想政治教育发展研究[M]. 北京:中国社会科学出版社,2015.

的思想若能领先，将有助于工作的成功；反之，则可能导致失败。即便拥有正确的意识，也不能保证每个人都能始终如一地自觉地运用它来指导行动。因此，正确的理论要发挥其作用，必须深入实际，信任群众、依靠群众，通过说服和教育群众，这正是思想政治教育的功能和目标所在。

唯物辩证法作为马克思主义科学的方法论，要求人们全面、发展地、联系地看待问题，坚持具体问题具体分析，并根据主客观条件制定和实施计划，有目的地、能动地改造客观世界。它为思想政治教育学提供了科学的方法论指导。历史唯物主义关于政治与经济关系的基本原理，也是思想政治教育学的重要理论依据。马克思主义认为，政治源于经济，并为经济服务。因此，政治对经济的作用既是指导性的，也是服务性的。正确理解政治与经济的辩证关系原理，有助于我们正确认识思想政治教育的必要性。

二、中国特色社会主义理论体系

（一）中国特色社会主义

中国特色社会主义涵盖了经济发展路径与经济建设理论体系两个方面。其中，中国特色社会主义经济发展路径是指在中国共产党的领导下，中国人民通过改革开放的伟大实践，开辟了一条具有中国特点的现代化道路；而中国特色社会主义经济建设理论体系，则是中国共产党将马克思主义原理与中国的实际情况相结合，形成的马克思主义中国化的最新理论成果。这一理论体系是科学社会主义基本原则与中国实际相结合的产物，它体现了鲜明的时代特色和中国特色。

中国特色社会主义道路，是在中国共产党的领导下，基于国家的基本国情，以经济建设为中心，坚持四项基本原则，坚持改革开放，解放和发展社会生产力，构建具有中国特色的社会主义市场经济、社会主义民主政治、社会主义先进文化、社会主义和谐社会、社会主义生态文明，促进人的全面发展，逐步实现全体人民共同富裕，建设一个富强、民主、文明、和谐、美丽的社会主义现代化强国。建设有中国特色社会主义的理念，是由中国改革开放的总设计师邓小平提出的。

中国特色社会主义理论体系，包括邓小平理论、"三个代表"重要思想、科学发展观以及习近平新时代中国特色社会主义思想等重大战略思想。在2017年10月18日党的十九大报告中，习近平同志强调，中国特色社会主义已经迈入新时代，我国社会主要矛盾已经转变为人民日益增长的美好生活需要和不平衡不充分的发展之间的矛盾。

1. 核心观价值

社会主义核心价值观主要由坚持马克思主义作为指导思想，坚持中国特色社会主义作为共同理想，坚持以爱国主义为核心的民族精神和以改革创新为核心的时代精神，以及坚持社会主义荣辱观所构成。2012年11月，在党的十八大报告中，首次以十二个关键词概括了社会主义核心价值观："倡导富强、民主、文明、和谐，倡导自由、平等、公正、法治，倡导爱国、敬业、诚信、友善，并积极培育社会主义核心价值观。"

共生、共识、共存、共产、共享、共荣、同生、同识、同存、同产、同享、同荣，这些核心价值观体现了中国人民的创新精神，是所有发展的基础，中国特色社会主义核心价值观构成了社会发展不可或缺的核心体系，是共同生存和发展的基本准则。

2. 理论特点

（1）时代性

中国特色社会主义文化，作为一个历史范畴，虽然具有超越时代的共性，但作为特定文化的总体，它总是特定思想的产物。不同的社会思想孕育出不同性质的文化。因此，解放思想成为中国特色社会主义发展的必由之路。随着中国社会主义经济的转型，中国特色社会主义的思想文化必然体现出这一时代的根本特征。它必须与社会主义的基本经济制度和政治制度紧密结合，围绕建设一个富强、民主、文明的社会主义现代化国家这一根本任务，以实体经济建设为中心，坚持改革开放，坚持四项基本原则，致力于服务人民，促进社会主义和谐社会的构建。

（2）民族性

一种历史悠久的传统文化之所以能够持续传承并发展，必有其深邃的内在逻辑。无论人们如何理解与掌握，它始终作为历史的沉淀和社会意识的暗流，渗透至社会心理的深处，与人们的生活方式、思维习惯、行为准则、道德情操、审美情趣、处世哲学以及风俗习惯紧密结合，成为塑造民风、形成习俗的关键因素，成为人们自出生起便沉浸其中的精神栖息地。建设具有中国特色的社会主义文化，深深扎根于人民群众的历史创造之中，继承并发扬民族的优秀文化遗产和革命文化传统，同时吸收世界文化的精华，形成了社会主义核心内容与中华民族传统形式相结合的全新文化体系。

（3）科学性

具有中国特色的社会主义文化，准确地揭示了自然界与社会的本质及其发展规律，坚守与自然观、社会观中所有非科学的文化思想进行坚决斗争的立场，为决策的民主化和科学化提供了理论支撑。

（4）民主性

推进社会主义民主政治的发展，始终是中国共产党的坚定目标。社会主义的建设离不开民主，社会主义现代化亦然。继承并发扬优秀的民主传统与作风，提升民主意识，坚决与封建主义及文化专制主义的残余进行斗争，使民主精神在广大人民群众中扎根并开花结果，这正是具有中国特色的社会主义文化的核心要义。实施"三不主义"政策，倡导主流价值，鼓励文化多样性，保障自由讨论、自由创作，以及不同学派、不同风格的自由发展，让文化领域呈现百花齐放、百家争鸣的繁荣景象；同时，合理借鉴外国文化的优秀成果，使具有中国特色的社会主义文化成为包容性强、海纳百川的宏大体系，这体现了该文化民主性的显著特征。

（5）群众性

社会主义文化事业乃亿万民众共同缔造之事业，民众为文化构建之主体，乃一切文化创造之深厚源泉。具有中国特色的社会主义文化源自群众，亦回归群众。该文化在建设中国特色社会主义的伟大实践中，在民众的创造性活动中汲取养分，并以健康的文化成果培育人民、服务人民，使其成为具备社会主义"四有"品质的公民。

（6）创造性

改革乃社会主义社会之本质诉求，亦是推动文化事业繁荣昌盛之强大动力。构建具有中国特色的社会主义文化，需深化文化管理体制的改革，此乃文化事业繁荣与发展的根本途径。改革之宗旨，在于提升文化事业之活力，充分激发文化工作者之积极性，以产出更多优秀作品，培养更多杰出人才。改革须符合建设具有中国特色的社会主义文化之要求，遵循文化发展之内在规律，发挥市场机制之正面效应。鉴于文化产品具有与物质产品不同的特殊属性，其对人们的思想道德及科学文化素质具有深远影响，必须坚持将社会效益置于首位，力求实现社会效益与经济效益之最优结合。

（二）习近平新时代中国特色社会主义思想

2017年10月18日，在中国共产党第十九次全国代表大会上，习近平总书记首次提出了"新时代中国特色社会主义思想"。随后，在2017年10月24日，中国共产党第十九次全国代表大会通过了关于《中国共产党章程（修正案）》的决议，将习近平新时代中国特色社会主义思想正式载入党章。继而，在2018年3月11日，第十三届全国人民代表大会第一次会议通过了《中华人民共和国宪法修正案》，将习近平新时代中国特色社会主义思想纳入《中华人民共和国宪法》。

1. 思想形成

自党的十八大召开以来，我国所面临的国内外形势的深刻变化以及各项事业的发展，向我们提出了一个重大的时代课题。这一课题要求我们从理论与实践相结合的角度，全面系统地回答在新的历史时期，如何坚持和发展中国特色社会主义，以及怎样坚持和发展中国特色社会主义。这包括对坚持和发展中国特色社会主义的总目标、总任务、总体布局、战略布局、发展方向、发展方式、发展动力、战略步骤、外部条件、政治保证等基本问题的深入探讨。同时，我们还需根据新的实践，对经济、政治、法治、科技、文化、教育、民生、民族、宗教、社会、生态文明、国家安全、国防和军队、祖国统一、统一战线、外交、党的建设等各个领域进行理论分析和政策指导，以促进中国特色社会主义的更好坚持和发展。

针对这一重大时代课题，我们党以马克思列宁主义、毛泽东思想、邓小平理论、"三个代表"重要思想、科学发展观为指导，坚持解放思想、实事求是、与时俱进、求真务实的原则，坚持辩证唯物主义和历史唯物主义的世界观和方法论。我们紧密结合新时代的条件和实践要求，以全新的视野深化对共产党执政规律、社会主义建设规律、人类社会发展规律的认识，进行深入的理论探索，取得了重大理论创新成果，形成了习近平新时代中国特色社会主义思想。

2. 主要内容

第一，明确坚持和发展中国特色社会主义总任务是实现社会主义现代化和中华民族伟大复兴，在全面建成小康社会的基础上，分两步走，在21世纪中叶建成富强民主文明和谐美丽的社会主义现代化强国。

第二，明确新的时期我国社会主要矛盾是人民日益增长的美好生活需要和不平衡不充分的发展之间的矛盾，必须坚持以人民为中心的发展思想，不断促进人的全面发展、全体人民共同富裕；明确中国特色社会主义事业总体布局是"五位一体"、战略布局是"四个全面"，强调坚定道路自信、理论自信、制度自信、文化自信。

第三，明确全面推进依法治国总目标是建设中国特色社会主义法治体系、建设社会主义法治国家。

第四，明确党在新的时期的强军目标是建设一支听党指挥、能打胜仗、作风优良的人民军队，把人民军队建设成为世界一流军队。

第五，明确中国特色大国外交要推动构建新型国际关系，推动构建人类命运共同体。

第六，明确中国特色社会主义最本质的特征是中国共产党领导，中国特色社会主义制度的最大优势是中国共产党领导，党是最高政治领导力量，提出新的时期党的建设总要求，突出政治建设在党的建设中的重要地位。

3. 重大意义

习近平新时代中国特色社会主义思想，是对马克思列宁主义、毛泽东思想、邓小平理论、"三个代表"重要思想、科学发展观的继承和发展，是马克思主义中国化最新成果，是党和人民实践经验和集体智慧的结晶，是中国特色社会主义理论体系的重要组成部分，是全党全国人民为实现中华民族伟大复兴而奋斗的行动指南，必须长期坚持并不断发展。

第三节 思想政治教育工作的价值

关于思想政治教育的价值问题，实际上探讨的是其对社会进步与人类发展所发挥的作用及其深远意义。作为意识形态上层建筑的关键组成部分，思想政治教育必须致力于服务社会发展，从而彰显其社会价值；同时，作为一项关乎人的工作，它旨在塑造个人的思想道德品质，推动人的全面发展，进而体现其个体价值。社会价值与个体价值两者之间既存在差异，又内在地统一，相互补充，共同促进。①

一、思想政治教育的社会价值

思想政治教育的社会本质决定了其价值首先且主要体现在社会价值上，即其推动社会发展的功能和意义。社会发展应当是全面、多维且可持续的，涵盖社会整体的提升以及各个主要系统的进步。在社会发展的历史进程中，以及在各个领域的实践活动中，思想政治教育发挥着不可或缺的作用。随着改革和建设步伐的加快，思想政治教育的重要价值日益凸显，人们对这一价值的理解亦随之不断深化。然而，认识是一个永无止境的过程，迄今为止的研究仍存在进一步深化的余地。

（一）思想政治教育的政治价值

从理论和历史实践的角度来看，政治性是思想政治教育最为显著的特征。在阶级社会中，政治性主要体现为阶级性。在所有社会形态中，思想政治教育均直接反映特定阶级或政治集团的核心利益与诉求。思想政治教育的政治价值主要表现在政权构建、国家治理、保障政治稳定、社会和谐以及政治改革与发展的各个层面。

第一，政治活动本质上是围绕着权力的获取与巩固而展开的。任何具有革命性或进步性的政权更迭，均需将宣传和舆论工作作为先导和关键战线。对于我国而言，当前正处于改革开放的关键时期，面临着极为复杂且严峻的国内外环境，因此，加强以建设中国特色社会主义共同理

①焦园庆.浅析思想政治教育工作的社会价值[J].中国多媒体与网络教学学报(上旬刊),2018(08):168-169.

想为核心的思想政治教育，显得尤为迫切和重要。

第二，思想政治教育乃国家治理之关键策略。治理国家，首要任务在于确立治国理念或基本方略。历史经验反复证明，依法治国与以德治国相结合，乃最具普遍意义且基础性的治国方略。对于社会主义国家而言，制度法律与思想道德皆为人民群众共同意志之体现，皆旨在服务人民利益，故此二者之结合更显客观必然与现实可能。实行依法治国与以德治国相结合，不可或缺的是强有力的思想政治教育。特别是以德治国，即运用社会主义思想道德教育与规范群众，本质上即为思想政治教育之过程。

第三，思想政治教育在保障政治稳定和社会和谐方面，能够发挥其独特的作用。在社会主义社会体系中，国家与个人、不同社会阶层以及个人之间，在根本利益上具有高度的一致性。然而，利益冲突以及其他类型的矛盾依然广泛存在。除了依靠法律、制度和政策等手段进行调节外，强化集体主义和爱国主义等价值观的教育，同样是解决这些矛盾，至少是缓和矛盾，防止其升级为对抗性冲突的关键途径。

第四，思想政治教育为促进政治发展提供了思想基础、精神动力以及方向指引。政治领域的变革与创新，涵盖了社会主义民主法治的建设，统称为政治发展。

（二）思想政治教育的经济价值

自20世纪50年代初，毛泽东提出"政治工作是一切经济工作的生命线"的论断以来，思想政治教育的经济价值得到了认可。然而，在具体阐释上，存在不同的观点。一种主流观点认为，思想政治教育对生产力提升和经济发展的影响，主要体现为间接效应，即需要通过特定的中介因素来实现，而非直接作用于劳动对象。这些中介因素主要包括两个方面：其一为政治层面；其二为个人层面。

在确认思想政治教育对经济发展具有间接影响的同时，亦应充分重视其直接作用。该直接作用的存在是客观事实，不容忽视，尤其在市场经济环境下愈发显著。实际上，间接作用中已蕴含了若干直接作用。思想政治教育虽不直接关联生产工具与劳动对象，但其直接作用于劳动者，通过激发劳动者的主动性和积极性来推动生产，这便体现了直接作用。

此外，开展经济法规和政策教育，对经济主体具有直接的指导、规范和制约效果；对社会主义市场经济知识的恰当宣传，有助于人们正确预测和判断市场中的求利和竞争行为，从而直接影响其行为决策；企业职业道德规范中的具体要求亦具有强制性约束力，对预防因个人因素导致的消极情绪影响工作或引发事故，具有重要意义。综上所述，间接作用与直接作用是相对而言的，且在某些情况下，二者可以相互转化。

（三）思想政治教育的文化价值

党的十六届四中全会将构建社会主义先进文化确立为加强党的执政能力建设的关键环节，并强调通过深化文化体制改革来释放和提升文化生产力，这标志着我们党对发展先进文化的战略意义和客观规律的理解达到了新的高度。构建先进文化的过程，本质上是释放和提升文化生产力的过程。文化生产力，是指创造和运用精神文化产品，为社会提供文化服务，满足人民群众精神文化需求的能力。它是社会生产力的关键组成部分。根据马克思的理论，社会生产涵盖了物质生产、精神生产以及人的生产三个层面。精神生产涉及知识、思想、理论、观念等文化产品的创造。文化产品与物质产品一样，体现了具体劳动与抽象劳动的统一、使用价值与交换价值的统一。

无论是文化事业还是文化产业，均属于社会主义性质的文化生产范畴，必须坚持正确的文化发展方向，坚持以人为本的原则，且必须将社会效益置于首位。这一要求对在文化生产中坚持思想政治教育提出了明确的诉求。思想政治教育在先进文化建设中的基本功能，可以概括为以下几个方面。

1. 导向功能

思想政治教育的核心在于思想道德建设，而思想道德建设构成了文化建设的核心环节，它决定了文化的本质和前进方向。文化在社会中扮演着至关重要的角色，其主要功能在于"以文化人"，即通过文化的形式颂扬真理、善良与美好，传播民族精神和时代精神，使人们在精神愉悦中得到启迪，在心灵的震撼中汲取教益。文化能否发挥如此作用，关键在于"文以载道"，即文化必须体现和反映社会的本质要求，与经济发展相协调，与历史传统相衔接的先进思想道德观念。判断一种文化是先进还是落后，甚至是反动的，根本标准也在于此。文化的发展必须坚持社会主义方向，贯彻"二为"方针，即为人民服务、为社会主义服务，高扬主旋律，提倡文化多样性，这同样离不开加强文化领域内的思想道德建设，以及对文化工作者进行深入的思想政治教育。

2. 传播功能

先进文化发挥其社会功能，必须依赖于其传播与普及。诸如马克思主义理论、正确思想观念以及道德规范等先进文化的核心内容，只有被广大人民群众理解和掌握，才能转化为强大的社会革命力量。理论被群众掌握的过程，实质上是理论传播和开展群众性思想政治教育的过程。

3. 激励功能

通过对文化从业者进行思想政治教育，提升其服务人民、服务社会主义的思想意识，确立崇高的使命感与责任感，激发其创作热情，进而促进先进文化的建设。

4. 选择功能

通过思想政治教育的引导，助力文化工作者提升其分析、批判、鉴别和选择的能力。在复杂多变、快速演变的社会思潮中，他们能够保持清醒的头脑，坚守道德的底线，从而维护文化人的社会责任感。

5. 创新功能

在思想政治教育的过程中，批判旧有文化与构建新文化是并行不悖的。一方面，教育工作旨在帮助人们摒弃陈旧且错误的思想道德观念；另一方面，则致力于确立与社会发展及人类进步需求相适应的新观念和新思想。基于新的实践，更新观念，解放思想，不仅是思想政治教育的核心内容，也是推动先进文化建设持续发展的不竭动力。

（四）思想政治教育的管理价值

思想政治教育之所以被视为关键的管理工具，根本原因在于其固有的本质。该教育旨在启迪、转化和塑造个体，凡涉及人的活动，思想政治教育均发挥着其不可或缺的作用。管理活动，无论是由管理者还是被管理者参与，本质上都是人的行为，而每个人都有其特定的需求、利益和目标追求，这些与社会管理目标之间可能存在差异，甚至不一致。若不通过思想政治教育先行解决社会要求与个人实际水平之间的矛盾，即所谓的人力资源管理，那么在组织、技术、物资、资金和信息等其他管理领域也难以取得成效。在各项工作中，人是最为活跃且最具创造力的要素，只有首先实现对人的有效管理，才能进一步管理好物质资源。思想政治教育不仅在人的管理中发挥着决定性作用，而且在整个管理过程中都是至关重要的手段。思想政治教育的柔性约束与制度管理的刚性约束相辅相成、共同促进，这构成了社会主义管理最显著且独有的特征，真正体现了以人为本的民主管理理念。

二、思想政治教育的个体价值

致力于实现思想政治教育的个体价值，乃加强与改进思想政治教育之基本目标之一。思想政治教育之个体价值，主要体现在其对促进人的全面发展所发挥的作用与功能上，其核心在于推动人的精神生活全面发展的深远意义。因此，研究思想政治教育的个体价值，必须从分析人的全面发展，尤其是精神生活的全面发展着手，将思想政治教育视为实现人的全面发展的有效途径。

（一）人的精神生活与人的全面发展

所谓人的全面发展，指的是"人以一种全面的方式，即作为一个完整的人，全面地占有自己的本质"。关于人的全面本质，马克思主义提出了三个基本观点：首先，作为类存在物的个人，其本质体现为自由自觉的活动，即实践活动，其主要表现形式为劳动；其次，作为社会存在物的个人，其本质是所有社会关系的总和；最后，作为完整的个体，人是自然因素、社会因素、精神因素的综合体。与人的本质相对应，人的全面发展也涵盖了三个相互联系、辩证统一的方面：首先是人的活动及其能力的全面发展；其次是社会关系的全面丰富和社会交往的普遍性，即人对社会关系的全面占有和共同控制；最后是个人生命有机体的各个构成要素的均衡协调发展，这包括个人的认知、情感、意志等心理因素的发展和完善，个人的思想政治道德素质和科学文化水平的提升与进步，以及个人各种需要的不断丰富和发展。这里主要讨论的是个人的全面发展，但由于每个人都是类存在物，因此个人的全面发展与类的全面发展在总体上和发展趋势上应当是一致的。人的全面发展也是一个历史范畴，表现为发展目标与过程的连续统一，每个时期基本目标的实现都是向终极目标的迈进。只有在生产力高度发达、物质产品极大丰富、人们思想道德水平极大提高的共产主义社会，人的全面发展才能在高层次上得以实现。

（二）人的精神生活的全面发展与思想政治教育

人的精神生活全面发展的内涵极为丰富，它要求个体在多个维度上具备相应的素质。第一，知识素质是基础，涵盖马克思主义基本理论、专业技能以及人文社会科学和自然科学的全面知识体系。第二，能力素质要求个体能够运用马克思主义的视角和专业理论来分析和解决现实问题，尤其强调创新思维与创新能力的培养。第三，政治素质涉及正确的政治观念、态度和立场，坚定地遵循四项基本原则。第四，思想素质要求个体拥有正确的世界观、人生观、价值观和荣辱观，确立中国特色社会主义的远大理想和坚定信念。第五，道德素质体现在个体具有清晰的道德意识和强烈的自律习惯，自觉遵守社会主义道德规范，坚持爱国主义、集体主义、社会主义的价值导向。第六，心理素质要求个体拥有和谐的内心状态、积极向上的精神风貌以及丰富而健康的情感世界，对他人、国家和事业怀有深厚的爱。

具体而言，思想政治教育对于人的精神生活全面发展具有以下几方面的深远价值：

1. 认识价值

思想政治教育的核心使命在于运用先进的思想和理论，特别是马克思主义理论，来装备群众并指导实践活动。通过开展思想政治教育，可以显著提升广大人民群众的理论素养和认知能力，进而为人的全面发展奠定坚实的认知基础。

2. 导向价值

个体欲使生活富有意义，必须妥善处理为谁而活、如何生活之根本问题，即需明确人生观、价值观、幸福观、生死观等核心理念，而这些正是思想教育之基础所在。通过思想政治教育的途径，启发并引导人们自觉地将个人发展与社会发展、个人幸福与全人类幸福、物质生活的满足与精神生活的满足相结合，保持积极向上、开拓进取的生活态度和精神风貌，使个人的生命活动融入建设中国特色社会主义的伟大事业之中，从而获得真正的生命意义和生存价值。

3. 动力价值

在人生的征途中，人们不可避免地会遭遇来自内在与外在的多种因素的干扰与冲击。思想政治教育有助于人们持续巩固社会主义的理想信念，确立正确的生存理念和人生观，为人们清除障碍、成功前进提供持续的动力。

4. 规范价值

思想政治教育，尤其是其中的道德教育，依据社会进步与人的成长需求，确立了体系完备、层次清晰的道德与政治规范体系。这些规范体系明确指出了哪些行为是正确和合理的，因此对个体具有显著的规范作用。此类基于自觉认知的规范构成了软性约束，尽管其作用不如制度、法律等硬性约束那般迅速而有力，但更易于深入人心。

5. 素质培育价值

提升广大民众的思想道德素质，是精神生活全面发展的根本标志和目标，而思想政治教育则是实现这一目标的基础路径和方法。该教育通过教育者与受教育者之间的双向互动，运用恰当的策略，引导受教育者将正确的思想理论内化为个人的自觉意识，并进一步转化为日常行为习惯，从而培养出良好的个人品质。思想政治教育不仅直接作用于人的素质培养，还促进那些制约和影响精神发展的社会条件得以实现，是将外部世界对个人才能发展的推动作用转化为个人自我驾驭的重要手段。

第四节　思想政治教育工作的原则

原则是人们对客观事物认识的主动反映。它源自于人们的实践活动中，并且反过来对人们的认识实践进行指导。它体现了人们对客观事物规律的掌握程度。正如恩格斯所言："原则并非研究的起点，而是其终极成果；这些原则并非被应用于自然界和人类历史，而是从中提炼而出；不是自然界和人类去适应原则，而是原则只有在与自然界和历史相吻合时才是正确的。"（《反杜林论》，生活书店，1938年）运用原则来指导人们的实践活动，意味着人的认识水平已经提升至理性认识的层次。思想政治教育方法的原则，反映了人们在思想政治教育实践过程中应遵循的基本规律，是人们在长期思想政治教育工作中积累的经验和理性认识的精华。掌握思想政治教育方法的原则，将使我们的思想政治教育工作更加具有针对性、准确性和实效性。[①]

思想政治教育工作应遵循的基本原则主要包括实事求是原则、平等待人原则、因材施教原则、循序渐进原则、积极引导原则以及和谐优化原则。

一、实事求是原则

坚持实事求是的原则，为人们提供了正确理解和分析问题的视角与方法，这是我们运用思想政治教育方法时必须遵循的基本准则。在进行思想政治教育的过程中，贯彻实事求是的原则，意味着我们必须将理论与实践紧密结合，遵循思想政治教育的内在规律，提升教育的针对性，并根据教育对象的具体情况，采取适宜的教育策略。

（一）坚持实事求是原则的必要性

秉持实事求是的原则，针对客观实际状况，选择并运用适宜的方法开展思想政治教育，是提升思想政治教育实效性的必然选择。

1. 主观把握、改造客观的基本要求

实事求是原则是对古代中国与西方国家思想政治教育方法思想的继承与超越。该原则彰显了思想政治教育中主观与客观的契合，以及认识与实践的统一这一根本要求。1938年10月，毛泽东在党的六届六中全会的报告《论新阶段》中首次提出了"实事求是"的概念，他指出："共产党员应成为实事求是的典范，同时也应是具备远见卓识的典范。因为唯有实事求是，方能完成既定任务；唯有具备远见卓识，方能确保前进方向不偏离。"正是在实事求是思想路线的指导下，我们党取得了社会主义

[①]靳玉军,周琪.思想政治教育学原理[M].重庆:西南师范大学出版社,2015.

改造和建设的辉煌成就。思想政治教育方法坚持实事求是原则，既涵盖了从思想政治教育实际出发的认识论，也包括了发挥主观能动性、正确把握思想政治教育规律，以实现主客观统一的目标。从客观实际出发，发挥主观能动性，选择和运用恰当的方法，使主观与客观相符合，是成功进行思想政治教育的基本前提。

2. 开创思想政治工作新局面的需要

随着我国改革开放的持续深化，思想政治教育工作与其他领域一样，正面临新的挑战和矛盾。在这一新的发展阶段，如何创新思想政治教育，开拓思想政治工作的新局面，成为我们必须认真思考的问题。为此，我们必须坚守实事求是的原则。在开展思想政治教育时，教育者应基于社会发展的实际情况和受教育者的思想状态，对教育对象的年龄、职业、文化背景及生活环境进行深入的调查研究。针对人们的思想状况以及新出现的情况和问题，立足于思想政治教育的现实基础，探索适应新环境的思想政治教育方法和规律，以增强思想政治教育的针对性和有效性。

（二）坚持实事求是原则的要求

坚持实事求是乃思想政治教育之根本原则，其核心在于在马克思主义理论的指导下，将理论与实践紧密结合，并遵循思想政治教育的内在规律，以增强教育的针对性。在经济全球化和互联网迅猛发展的背景下，人们获取信息和休闲娱乐的方式发生了显著变化，精神生活逐渐成为社会生活的重要组成部分。这些变化使得传统思想政治教育方法的不适应性日益凸显，因此，加强和改进思想政治教育，要求教育者所采用的方法必须遵循实事求是的原则，符合教育对象的思想实际，从不同层次、不同范围、不同类型的教育对象出发，寻找适当的教育"切入点"。

思想政治工作，与其他工作一样，是持续进步的。它既承载着历史的连续性，又展现出改革和与时俱进的特性。思想政治教育方法坚持实事求是原则，体现了其与时俱进的特性。随着时代的发展，国际与国内形势发生了深刻变革，人们的思想活动表现出更强的独立性、选择性、多样性和差异性。这要求我们在思想政治教育中运用深邃的历史视角和宽广的世界视野，认真分析社会发展各阶段的特点、状况、问题以及教育对象的思想状态。以"求"为桥梁，从"实事"到"是"，不断以创新的精神和科学的态度应对新问题，形成新认识和方法，从而提升思想政治教育的说服力和有效性。

二、平等待人原则

人构成了思想政治教育的核心、起点和基础，同时亦是其终极目标、归宿和根本所在。因此，"以人为本"成为思想政治教育的关键理念，是我们必须恪守的基本原则。在思想政治教育实践中，"以人为本"具体表现为对等尊重的原则要求。

（一）坚持平等待人原则的必要性

在古代中国，思想政治教育的方法中已蕴含了平等育人法的理念，强调在尊重教师与爱护学生的基础上确立教育者与受教育者双方的地位；西方国家的思想政治教育方法亦着重于尊重学生的主体地位，注重激发学生的学习主动性。这些方法体现了思想政治教育实践中必须坚持的平等待人原则。

平等待人原则是由思想政治教育工作的本质特征和内在规律所决定的。思想政治教育是指社会或社会群体通过一定的思想观念、政治观点、道德规范，对成员进行有目的、有计划、有组织的影响，旨在培养其形成符合社会要求的思想品德。在这一教育活动中，教育者扮演着组织者和实施者的角色，他们根据社会的要求和教育对象的实际情况，制订教育计划，确定教育内容，选择教育方法，并在教育过程中占据主导地位，发挥主导作用。若教育者不能以平等的态度对待受教育者，可能会引发受教育者的逆反心理，导致教育者与受教育者之间信息交流的中断，这正是影响思想政治教育效果的关键问题所在。

（二）坚持平等待人原则的要求

1. 尊重人的人格

人格构成了个体的思想、情感及行为的独特整合模式，这一模式体现了个体区别于他人的稳定而统一的心理特质。尊重人格意味着坚持认为所有人在人格上享有平等的地位。人格是人们在社会中立足的根本。早在古希腊时期，斯多亚学派便提出，每个人都拥有不可剥夺的价值和应受尊重的权利，因为每个人都是独特且不可替代的。在现实生活中，每个人展现出不同的个性，拥有各自的生活方式、思想和情感表达，这些独一无二的特质理应得到相应的尊重。在思想政治教育过程中，教育者应根据受教育者的需求，采取多样化的教育方法，但必须在尊重受教育者人格的基础上，以平等和自然的态度引导其思想发展。

2. 尊重人的主体性

我国改革开放的进程激发了人的主体意识，社会主义市场经济的发展以及经济全球化的深入，为人的主体性作用的发挥拓展了更为广阔的空间。这些变革在教育领域中的体现是，教育者作为唯一教育主体的传统观念已被受教育者在教育活动中主体地位的观念所取代。在思想政治教育领域，教育者与受教育者之间的关系已不再是单向的灌输与接受、说服与被说服，而是转变为相互启发、相互影响的平等主体关系。

在思想政治教育体系中，教育者虽为主体，但其主体使命受到社会的制约，其主体活动同时受到客体的审视和自我反省的约束，因此，教育者兼具主体与客体的双重属性。思想政治教育的对象是具有思想和情感、充满活力的个体。随着社会的发展和教育对象受教育水平的提升，特别是大学生群体的平等和民主意识日益增强，他们越来越渴望根据个人意愿自主选择和自我发展，更加重视个人的观察、体验、比较和思考，并希望在自由、民主、平等的氛围中，基于相互尊重和平等互动进行思考和选择。教育对象的主体性特征要求思想政治教育必须摒弃旧有的思维模式和教育方法，转而采取尊重教育对象主体性的新方法。例如，当前大学生普遍具有强烈的表达欲望，在思维和行为上迫切希望得到尊重和肯定，因此，在思想政治教育中，教育者应更多地采用适应大学生特点的教育方法。

3. 尊重人的选择性

思想政治教育目标的达成，依赖于受教育者将社会的思想道德规范内化为个人的意识，并将其作为个人的价值标准和行为准则。然而，这一内化过程是否能够实现，取决于受教育者的选择性。人的思想形成与发展既受到客观外界因素如社会环境、校园环境和物质条件的影响，也受到主观内在因素如既有思想和心理发展状况的限制。因此，人们形成或接受某种思想的过程并非被动消极，而是一个主动选择和构建的过程。

人们对教育内容的理解，是经过深思熟虑和选择之后的接受。个人的判断和选择不仅受到教育内容的影响，个人的情感、情绪等心理因素也在这一选择过程中发挥着关键作用。在思想政治教育过程中，教育者对受教育者人格的平等认同与尊重，能够激发受教育者对信息的积极情感反应，使得教育对象在情感共鸣的基础上，更愿意认同并接受思想政治教育的内容。

4. 正确把握平等待人与严格要求的关系

在思想政治教育领域，平等对待与严格要求二者相辅相成，共同构成了教育实践的核心。思想政治教育的目标不仅在于培养受教育者以满足特定社会或阶级的需求，更在于推动人的自由与全面发展。因此，人作为思想政治教育的起点和终极目标，其尊严是绝对不可侵犯的。然而，作为主体的人，其主体性的发展是一个从不成熟走向成熟的过程。这一过程既包括学生在独立探索中主体性的成长，也涵盖了受教育者在各种思想观念的冲击和困惑中寻求指导与帮助的阶段。特别是对于青年学生这一主要教育对象，由于他们的世界观、人生观、价值观正处于形成的关键时期，思想政治教育者所施加的严格要求和正确引导对于他们的健康成长和全面发展具有至关重要的意义。因此，在思想政治教育实践中，必须将尊重与严格要求有机地结合起来，准确地把握平等对待与严格要求之间的平衡。

三、因材施教原则

因材施教意味着教育工作者需基于受教育者的实际状况及个体差异，有针对性地实施差异化的教学方法，以助每个受教育者发挥其优势，规避劣势，从而实现其最佳发展潜能。

（一）坚持因材施教原则的必要性

在应用思想政治教育方法时，坚持因材施教的原则是至关重要的，这一原则是由教育对象的特性所决定的。作为生活在特定社会关系中的人，思想政治教育的对象所处的环境、成长经历、知识水平、文化素养以及个性特征各异，导致他们的思想观念、品德素质和政治素养存在显著差异。这些差异不仅体现在横向上的先进、中间、落后或思想正确与错误等状态层次，也体现在纵向上的少年、青年、中年、老年或觉悟程度、成熟程度的阶段层次。特别是在市场经济的背景下，这些差异变得更加明显。当前，青少年作为思想政治教育的重点对象，其思想的独立性、选择性、多变性和差异性特征日益显著，加之不同的文化背景和成长经历，使得青年的思想状况呈现出更加复杂多样的特点。教育对象在思想观念和行为上的差异，要求思想政治教育方法不能一概而论，而必须根据受教育者的身心发展状况和思想特点，采取有针对性的方法进行教育。思想政治教育并非简单的知识传授，而是关于正确世界观、人生观、价值观的塑造。分析教育对象的差异，并选择合适的方法进行因材施教，是实现教育目标的关键所在。

（二）坚持因材施教原则的要求

1.明了教育对象

在因材施教的教育理念中，"材"主要指涉教育对象的个性差异。实施因材施教，教育者必须首先对教育对象的个性有所认识和理解，然后根据这些差异来调整教育内容和方法。因此，对教育对象的深入了解是实施因材施教的基础。面对具有不同思想状况的教育对象，教育者必须清晰地掌握其思想状况、性格特征以及所面临的现实问题。只有这样，教育者才能根据每个教育对象的具体情况，采取相应的教育方法，有针对性地开展教育工作。

2. 因"材"而定教育内容

为确保因材施教原则得以有效实施，必须在思想政治教育内容中予以充分反映。思想政治教育内容丰富多样，涵盖政治教育、思想道德教育、法治观念教育，以及帮助人们正确认识并解决现实生活中遇到的问题。尽管上述各方面内容在思想政治教育中均不可偏废，但鉴于教育对象在思想状况、认识水平、接受能力上存在客观差异，教育内容的安排必须因应教育对象的实际情况，进行有针对性的调整和侧重。思想政治教育应坚持社会主义人才培养方向，这一点不容动摇。同时，亦需顾及受教育者的个体差异，根据其具体情况提出相应的要求，将教育的先进性与广泛性要求相融合，使思想政治教育内容更贴近受教育者的思想实际。

3. 因"材"选用教育方法

因材施教原则要求我们根据教育对象的个性特征、需求和诉求，选择适宜的思想政治教育方法。例如，对于那些文化素养较低、对中国化的马克思主义理论、党和政府的方针政策以及社会的思想道德规范了解有限的群体，我们应当采用讲授和讲解的方式阐述思想政治的原理，或者将抽象的理论转化为生动的典型人物或事件，运用具体化、形象化、具有感染力和说服力的典型教育方法，激发人们的思想情感共鸣，从而提升他们的思想认识。而对于那些文化素养较高、理性思维较为成熟、自我意识和独立意识较强的大学生群体，自我教育方法、实践教育方法以及理论教育中的民主对话方式则更能促进思想政治教育的有效性。必须指出的是，因材施教原则本质上是针对每个教育对象的特定特点进行定制化的教育，以利于思想政治教育能够触及不同人的心灵，实现提升人们思想政治素质、促进人的全面发展的教育目标。真正意义上的因材施教是一种个性化的教育方案，它以尊重每个个体的差异为前提。

四、循序渐进原则

循序渐进的学习方法要求我们在掌握知识的过程中，遵循学科知识的内在逻辑结构、认识能力的成长路径以及认识过程的自然演变。这一原则的理论基础首先源于科学知识体系本身的严密逻辑性。每一学科的知识结构都具有内在的必然联系，呈现出有序的可追溯性。正是由于知识体系的系统性和逻辑性，决定了我们在学习知识时必须遵循循序渐进的原则。其次，这一原则也是对客观事物发展变化规律在认识活动中的体现。马克思主义指出，事物的运动、变化和发展是通过量变和质变两种形式表现出来的。尽管质变标志着事物性质的根本转变，即从一种质态向另一种质态的跃迁，但这种转变是建立在渐进的、不易察觉的量变基础之上的，由量的逐步积累引发质的转变。客观事物存在和发展的有序性、渐进性，决定了人们认识客观事物的过程是一个从简单到复杂、从直观到抽象、从现象到本质的有序过程。因此，循序渐进成为人们认识事物、解决问题时必须遵循的基本原则。

(一)坚持循序渐进原则的必要性

在进行思想政治教育时，必须遵循循序渐进的原则，这一点是由思想政治教育的特殊性质所决定的。其目的在于引导人们塑造与社会要求相契合的思想政治品德。人的思想政治品德构成了一个由心理、思想和行为三个子系统及其多种要素相互作用形成的三维结构。该结构的构建和发展是在社会实践的基础上，受到客观外界条件的决定性影响，并在主观内部因素的调节和交互作用下逐步形成的。环境、认知、情感、意志等众多因素在个体品德的形成过程中均扮演着重要角色。这一形成过程表明，对人的思想品德进行改造是一个复杂且渐进的过程，因此，思想政治教育的方法也必须适应思想品德逐步形成的特点进行恰当选择。若不遵循循序渐进的原则，急于求成，在受教育者尚未在情感上对教育者产生认同和信任之前，就对他们进行理论灌输，或者利用制度和纪律强制要求他们，这将导致受教育者产生抵触和反感，进而使得思想转化难以达成。

(二)坚持循序渐进原则的要求

1. 循序渐进地提高教育的目标和要求

思想政治教育方法的选择与教育目标及要求紧密相关。该教育目标的设定，既需依据党在不同历史阶段的奋斗目标和社会发展的需求，又需立足于促进人的全面发展，提升人的思想、政治、道德素质及行为水平。党在各个历史时期的目标及人的思想道德水平的层次性，共同决定了不同时期、针对不同对象的思想政治教育目标的差异性。思想政治教育的目标，本质上是根据社会需求与人的发展需求来确定的，它具有一定的前瞻性。因此，在思想政治教育过程中，教育目标和要求必须逐步提升，基于广泛性的基础上，逐步提高教育标准，引导受教育者不断追求更高的目标。

2. 循序渐进地应用思想政治教育方法

教育方法乃实现教育目标之工具，鉴于教育目标及教育对象思想觉悟之不同层次，必须采取相应的思想政治教育方法。同时，必须认识到，特定的教育方法本身亦具有其内在结构，因此，方法之应用亦应遵循其内在结构，逐步推进。理论教育、实践教育以及批评与自我批评，构成思想政治教育之基础方法。在思想政治教育实践中，此三种方法虽各有其独特作用，但作为基础方法，它们之间存在内在的联系。理论教育法助人确立指导思想；实践教育法通过组织和引导人们积极参与各类实践活动，不断提升其思想觉悟和认识能力；批评与自我批评则使人们在改造客观世界与主观世界的过程中，不断总结经验教训，调整自身的思想与行为。此三种方法相互关联，理论教育需与实际相结合，实践教育需以正确理论为指导，批评与自我批评既需正确的理论指导，亦需以实践为基础。这种内在联系决定了思想政治教育需从整体效应的角度，有序地综合运用此三种基础方法，以发挥促进个人成长进步、实现成功之整体效应。

循序渐进原则既符合思想政治教育方法之内在逻辑，又符合受教育者思想品德发展之规律，因此，此原则乃思想政治教育方法必须坚持之重要原则。

五、积极引导原则

引导一词通常指借助特定手段或方法促进事物的发展。在思想政治教育领域，积极引导具有双重含义：首先，无论是正确思想的构建还是错误思想的矫正，均非自然发生，而是需要通过积极引导来实现。这要求受教育者在教育者的正确引导下，通过自身思想的矛盾运动来达成；其次，正确思想的构建与错误思想的矫正均需经历一个逐步的过程，既不可放任自流，亦不可急于求成。必须进行艰苦而细致的工作，深入了解问题的根源，并有针对性地开展教育引导工作。

（一）坚持积极引导原则的必要性

事物发展的内在与外在因素关系原理，为思想政治教育方法遵循积极引导原则提供了理论支撑。思想政治教育乃教育者运用特定方法，有目的地、有计划地向受教育者传递社会所要求的思想品德的活动，旨在将社会要求的政治观点、思想体系、道德规范转化为受教育者的内在动机和意识，并进一步促使受教育者将这些意识转化为个人的价值准则与行为依据。尽管思想政治教育旨在改造人们的思想并形成特定意识，但思想和观念的转变无法通过强制手段实现。受教育者的思想和行为是否能按照教育者的期望进行转化，根本上取决于受教育者内在因素的主体性。因此，教育者在进行思想政治教育时所采取的各类方法，都应基于对受教育者主体能动性充分尊重的基础上。此外，鉴于人的思想政治品德是在客观外界条件与主观内部因素相互作用的积极活动中形成的，外部因素的积极作用对于人的思想、行为的转化具有促进作用。特别是在人们面临多元思想、价值观念选择的情境下，教育者选择恰当的教育方法，对受教育者进行正面且积极的引导，成为确保教育成效必须遵循的原则。

（二）坚持积极引导原则的要求

1. 辩证理解积极引导原则

引导工作旨在支持和推广正确的思想观念，同时对错误的思想观念进行反对和批评，并致力于将一些错误的认识纠正至正确的方向。唯物辩证法揭示了事物内在的矛盾性，指出任何事物都具有两面性，既包含积极因素也包含消极因素。即便是思想上相对落后的人，其思想中也存在积极的一面，只是暂时被消极因素所掩盖。这一点构成了我们进行积极引导的理论基础。因此，在对受教育者进行思想观念教育引导时，我们应当辩证地把握思想政治教育方法中的积极引导原则，将表扬与批评、批评与自我批评等手段有机结合。我们既要对受教育者的错误思想观念进行批评和引导，又要通过表扬激发其思想中的积极因素，激励他们积极向上、自我完善。同时，我们既要运用批评教育手段发挥教育者的主动引导作用，又要善于运用自我批评的方法，激发受教育者的主体性，促使他们自觉地分析和纠正自己的错误思想和行为。

2. 坚持民主，畅通言路

在思想政治教育过程中，针对受教育者存在的不正确思想，教育者可采取多种引导方式，包括但不限于理论教育、典型示范、以及通过生动直观的实例或具有感染力的文艺作品等。在运用这些方法时，教育者应坚持民主原则，确保沟通渠道的畅通。教育引导旨在帮助受教育者将错误的思想认识纠正至正确方向，这要求教育者对受教育者的内心思想、心理状态以及错误观念的影响程度有深入的理解，以便更有效地进行引导。受教育者能否毫无保留地表达自己的真实想法和思想困惑，与教育活动是否营造了宽容、平等、尊重的民主氛围密切相关。民主意味着理性的交流、对话和商讨。缺乏民主氛围，受教育者的思想观念难以充分表达，教育者亦难以掌握受教育者的思想脉络，从而导致引导方法难以针对性地实施，难以实现教育预期目标。因此，实施积极引导原则，必须将坚持民主和畅通言路作为其基础。

3. 敏感预测，预防为主

积极引导原则在思想政治教育方法中，旨在对受教育者可能产生的不正确思想进行及时干预。该原则强调对潜在的思想问题和行为偏差进行预防，因为这些问题和偏差往往源于一个逐渐积累的过程。在思想政治教育实践中，教育者不应待到受教育者出现思想或行为上的问题时才采取措施，而应保持对思想问题的高度警觉性，预测并预防可能出现的思想问题和行为偏差。为此，教育者需要获取关于人们思想行为发展趋势的准确信息，并据此进行有针对性的教育，以实现"防患于未然"的目标。这要求在运用思想政治教育方法时，必须从整体出发，综合考虑思想信息的获取、预测分析以及教育方案的决策和具体教育方法的选择。整个过程应始终贯穿预防为主、积极引导的原则，确保思想政治教育方法的运用既全面又深入。

六、和谐优化原则

春秋战国时期，诸子百家经常运用"和"的概念来阐发他们的哲学思想和文化理念，老子提出"知和曰常，知常曰明"；孔子提出"礼之用，和为贵"；荀子提出"万物各得其和以生"；《中庸》提出"和也者，天下之达道也"。贯穿其中的"和谐"思想体现了人类共同的精神需要。思想政治教育要获得好的效果，在工作的应用上必须坚持和谐优化原则。

（一）坚持和谐优化原则的必要性

"和谐"通常指在特定条件下，对立事物之间实现具体、动态、相对、辩证的统一状态，体现为事物间的互补、协调、合作、有序以及共同发展。在思想政治教育工作中，坚持和谐优化原则是由该领域方法应用的复杂性与动态性所决定的。思想政治教育过程是一个包含认识、实践、反馈、评估等多个环节的复杂动态过程。这些环节相互联系、紧密衔接，共同构成了思想政治教育的完整体系。每个环节都有其特定的矛盾，需要采取不同的方法应对。这些方法虽看似是根据主体目的和需求制定的，但实际上并非随意选择，而是基于教育对象的实际情况、教育主体所处的客观条件以及特定历史时期的特点所决定。

和谐优化原则依托于系统论中的整体优化理论。系统是自然界、社会、思维运动中普遍存在的现象，由相互作用的多个要素构成的整体。系统并非要素的简单组合或机械相加，其存在既依赖于要素本身，也依赖于要素间的相互关系。因此，系统具有"整体大于部分之和"的整体功能。然而，在系统与要素的矛盾运动中，若要素间相互冲突、相互抵消，也可能导致整体功能小于各要素相加的总和。在思想政治教育实践中，教育者需根据教育对象和环境的不同，综合运用多种方法。依据系统论的观点，只有当这些方法处于多样统一、相互协调、力量平衡的"和谐"状态时，其功能才能得到优化，并在相互作用中发挥出"整体大于部分之和"的系统功能。

（二）坚持和谐优化原则的要求

1. 思想政治教育工作的空间和谐

思想政治教育工作的空间和谐指的是各种方法的运用需与特定的环境和实际情况保持协调与平衡。思想政治教育方法均在特定的空间环境中得以实施，方法与空间环境的和谐共处能够促进教育方法的有效发挥。例如，思想转化方法、批评与自我批评方法是思想政治教育中常用的方法，然而这些方法的运用必须在平等民主、情感相容的和谐氛围中进行，以理性说服、以情感化人，才能获得积极的教育效果。若缺乏这种和谐的氛围，思想转化方法、批评方法的运用不仅难以达到预期效果，甚至可能引发受教育者的抵触心理。

2. 思想政治教育工作的时间和谐

思想政治教育工作的时间和谐性体现在教育方法的运用需与社会发展同步，展现出与时俱进的特性。例如，在网络已成为人们获取信息、交流情感、表达诉求的关键途径，并且深刻影响思想政治教育宏观环境的当下，传统的以教育者为中心的单向信息传递方式显然已无法满足时代发展的需求。因此，构建网络平台，利用网络的互动性和娱乐性等特征，与教育对象进行平等的交互式信息交流和引导，借助网络创造具体事物、场景、过程等虚拟情境，使教育对象在这些情境中感知、理解并接受教育内容，正是思想政治教育方法与网络时代发展需求和谐统一的体现。思想政治教育方法的时间和谐性要求该工作必须随着社会的发展而不断更新和创新。

3. 思想政治教育工作的显隐和谐

在思想政治教育领域，除了通过实践不断提炼出的、已被普遍采纳的显性教育方法外，诸多隐性因素亦在其中扮演着至关重要的角色。例如，特定的文化环境和社会风尚对教育对象产生的潜移默化作用；教育者所采用的教育方式及其人格特质对教育对象产生的正面或负面效应；以及教育者在运用具体方法时所展现的技巧与艺术等。尽管这些因素无形，但在思想政治教育实践中，它们确实发挥着实际作用，构成了思想政治教育的隐性方法。因此，思想政治教育者应重视显性与隐性教育方法的和谐统一。在根据实际情况选择适当的显性教育方法的同时，还应注重优化方法实施的环境、展现积极健康的心理状态和良好的人格特质，努力提升运用教育方法的技巧与艺术。积极创造教育情境、营造教育氛围、精准把握教育时机、精心安排教育内容，实现思想政治教育中显性方法与隐性方法的有机结合和功能互补，从而提升思想政治教育的整体效果。

第五节　思想政治教育发展历程及趋势

思想政治教育作为人类社会的一项关键实践，构成了一个连续且无尽的历史进程。在此过程中，思想政治教育不仅遵循其内在规律，通过继承和借鉴而持续演进，而且随着社会历史的演进，它也经历了不断的改革与创新。这一过程体现了继承和借鉴、发展和创新的辩证统一，实现了与时俱进。从本质上讲，思想政治教育的发展与创新是社会发展和人的发展所提出的客观需求，与社会和人的发展进程保持一致。然而，在任何时期，思想政治教育都必须以先前积累的思想资料、优良传统和成功经验为基础，即继承和借鉴是其持续发展的关键条件。因此，发展和创新与继承和借鉴是不可分割的。正如马克思所言："人们创造自己的历史，但并非随心所欲，而是在既定的、从过去继承的条件下创造。"（《马克思恩格斯选集》第一卷，人民出版社，2012年）另一方面，继承和借鉴也必须服务于发展和创新的目标和要求，否则可能会失去正确的方向，陷入文化保守主义。如何正确理解和处理继承和借鉴、发展和创新之间的相互依存和相互促进的辩证关系，是思想政治教育成功的关键问题，也是思想政治教育理论研究中具有规律性的重大课题。现代思想政治教育无疑应当批判性地继承中外古今思想政治教育的理论与方法中的精华部分，但更为重要的是要继承和发扬中国共产党思想政治教育的优良传统，立足于现实，紧密结合时代发展的新特点以及我国改革开放和现代化建设的新要求，深入研究思想政治教育的发展与创新问题。①

一、思想政治教育发展历程

（一）思想政治教育的历史渊源

思想政治教育作为一种社会实践，其历史可追溯至原始社会，它是当时人们劳动与社会生活需求的直接产物。在中国古代典籍《尚书·舜典》中，有"帝曰：契，百姓不亲，五品不逊。汝作司徒，敬敷五教，在宽"的记载。此段文字传达了舜帝对契的指示，意指当时民众之间缺乏和睦，君臣、父子、夫妇、长幼、朋友之间未能相互尊重。舜帝命契担任司徒之职，负责传授五常教育，并强调在实施教育时应遵循宽容的原则。尽管这段记载的真实性存疑，但其反映了一定的历史痕迹。因为在原始社会晚期，教育开始逐渐走向专业化。在那个时代，由于不存在私有制和阶级分化，教育并未带有阶级性，也未与政治、宗教、艺术等领域分离。

随着人类社会进入阶级社会，思想教育成为各个国家和历史阶段普遍存在的现象。无论各国或某国不同历史时期对思想教育的称谓如何变化，它都是一个不以人的意志为转移的客观存在。这一现象是由社会意

---

① 郭凌. 思想政治教育简史[M]. 南昌：江西人民出版社，2016.

识形态的阶级本质所决定的。所有占据统治地位的阶级都极为重视意识形态领域的工作，注重对人的塑造，通过有目的、有组织、有计划的教育和影响，力求使社会成员形成符合统治阶级意志的思想政治品德。这一点在历史的长河中，无论是在东方还是西方，都是普遍存在的现象。

（二）中国共产党思想政治教育的发展渊源和状况

十月革命的炮声，为中国带来了马克思主义的光辉。我国的先进知识分子以满腔的革命热情，传播马克思主义，推动了马克思主义与工农运动的深度融合，并在创建中国共产党的同时，奠定了党的思想政治教育工作的基础。

自中国共产党成立以来，便以马克思列宁主义为行动指南，积极运用马克思主义思想政治教育理论，大力开展思想政治工作。其核心任务是推动工人运动，发展党团组织，激发工农群众参与反帝反封建的新民主主义革命，从而开启了中国共产党思想政治工作的序幕。

自党的十一届三中全会起，党的思想政治教育工作可大致划分为改革开放前后的两个历史阶段。这两个阶段构成了一个连续且统一的历史进程，党的思想政治教育工作也经历了一个从初创到系统化、科学化的完整发展历程。

中华人民共和国成立后，中国共产党通过思想政治教育工作，逐步确立了马克思列宁主义在我国意识形态领域的主导地位，用马克思列宁主义、毛泽东思想塑造人们的精神世界，开启了社会主义思想政治教育的新历史时期，实现了向社会主义社会形态的转变。

在开创和发展中国特色社会主义的进程中，党的思想政治教育工作紧密围绕改革开放的历史性转折，实现了全面的转型，展现出在继承基础上的发展与创新相结合的鲜明特征。一方面，这一时期与前一时期一脉相承，不仅体现在时间上的连续性和延续性，还体现在空间上的共存性和统一性。换言之，这一时期所取得的发展成就，是以前一时期实践成果为基础和条件的，因此具有强烈的历史继承性。例如，坚持和完善党对思想政治教育的领导，坚持用马克思主义理论教育党员干部和人民群众，坚持为实现党和国家的发展目标服务等；另一方面，党的思想政治教育工作也实现了显著的进步，具有鲜明的时代性和发展性，包括形式的多样化发展、主客体的互动式发展、内容的丰富性发展、载体的分众化发展、过程的融合化发展、话语的生活化发展等，从根本上解决了科学化与学科化的自觉建构和有机统一问题，实现了思想政治教育的换档升级。

当前，中国特色社会主义进入了新的发展阶段，形成了以习近平同志为核心的党中央的集中统一领导，思想政治教育工作迎来了新的春天。在这一时期，全国高校的马克思主义学院普遍建立和发展，习近平高度重视党的思想政治教育工作，使整个社会日益风清气正，为思想政治教育营造了良好的社会环境。在学科建设方面，包括思想政治教育学在内的马克思主义理论学科建设稳步快速发展。

二、思想政治教育发展趋势

毛泽东同志最早提出了关于思想教育科学化的问题。他在1929年的《古田会议决议》中明确指出："必须教育党员，使党员的思想和党内的生活都实现政治化、科学化。"随后，邓小平同志在1983年提出："教育应当面向现代化、面向未来、面向世界。"（《邓小平文选》第二卷，人民出版社，1994年）这一"三个面向"的理念涵盖了教育的科学化、现代化、国际化，其中所指的"教育"无疑也包括了思想政治教育。思想政治教育的科学化、现代化、国际化问题，本质上是由社会实践所提出的，它伴随着我国社会的发展、我党中心工作的转移而产生，并随着思想政治教育自身的演进而形成和发展。可以说，这一问题并非全新，但由于历史条件的限制，长期以来未能成为重要议题，未能作为思想政治教育的一个核心问题进行深入探讨。然而，在当今时代，随着我国改革开放和现代化建设的迅猛发展，以及中国特色社会主义事业的不断胜利，思想政治教育的科学化、现代化、国际化问题日益凸显其重要性和紧迫性。

（一）思想政治教育的科学化

思想政治教育的科学化与其科学性紧密相连，可理解为科学性逐渐累积，使思想政治教育在实践与理论层面均实现系统化、规范化、社会化的过程。系统化涵盖两层含义：一是在实际操作中，需在全国或特定区域内构建从初级至高级的思想政治教育体系，并分层次确立系统化的教育内容；二是在理论层面，形成内在逻辑严密的范畴体系和理论观点体系。规范化亦包含两方面：一是在制度层面，建立正规化的教育制度，确保各类人群接受有组织、有计划的教育，特别是对党政各级干部进行分期分批的系统培训；二是在理论层面，形成专业化概念、语言和学理，并力求精确、规范。社会化则指思想政治教育应面向社会，开展群众性社会实践，动员社会各界力量共同参与教育工作；同时，思想政治教育理论应准确反映研究对象发展的客观规律和必然趋势，具有高度概括性和普遍意义，不仅适用于中国特色社会主义思想政治教育，亦可供其他性质和类型的思想政治教育借鉴。此处所述的系统化、规范化、社会化，应视为评价和判断思想政治教育科学化的基本标准。有人试图以自然科学、数学和逻辑学的科学化标准来衡量思想政治教育，认为只有达到一义性、度量精确性、可重复性乃至形式化的理论，才是科学化的理论。然而，这种理解存在显著的片面性，完全忽略了思想政治教育学科的特殊性。实际上，大多数人文社会科学难以满足上述条件，更何况思想政治教育研究对象的思想，是世界上最复杂且难以捉摸的。思想政治教育科学化的过程，是一个持续创新的过程。它要求我们不停留于现有理论知识的运用，而是要不断把握时代的脉搏，与时俱进，推动范畴及理论体系的创新。要不断关注新情况，研究新问题，提出新的理论分析和解答，对思想政治教育相关的新现象的本质和规律性进行新的揭示，对新的实践经验进行理论上的升华。这是一个艰辛的理论创造过程，唯有以认真、严谨、求实的态度，付出辛勤的劳动，才能取得成果。思想政治教育的科学化是一个相对概念，意味着它是一个不断接近真理的过程，其实践和理论的发展永无止境。这并非否定思想政治教育科学化的存在，而是强调科学化是一个随着实践不断进步和提升的过程，永远不会停滞不前。只要我们坚持科学精神，按照科学的态度和方法行事，实现思想政治教育的科学化是完全可能的。

（二）思想政治教育的现代化

思想政治教育现代化是指在适应经济、政治、文化等各方面现代化进程的基础上，对思想政治教育的理念、目标、内容、原则、方法、管理等方面不断注入现代性元素，促进思想政治教育从传统形态向现代形态转变，实现从低层次现代化向高层次现代化的持续提升。现代化的内涵包括科学化，科学化是思想政治教育现代化的必要条件，但两者之间存在差异。科学化主要关注思想政治教育的理论形态，而现代化则更多地关注其社会形态。科学化贯穿于封建社会、资本主义社会、社会主义社会等各个历史时期，每个时期的人们，尤其是统治阶级和思想理论界，都有其科学化的追求。相比之下，现代化则是工业革命兴起之后的产物。对于我国社会主义思想政治教育而言，科学化与现代化的实现是同步进行的，两者紧密相连。

推进思想政治教育现代化并非仅限于中国，任何追求社会现代化的国家都必须重视思想政治教育现代化的问题，即便它们可能不使用"思想政治教育"这一术语。在全球范围内，无论是社会主义国家还是资本主义国家，无论是发展中国家还是发达国家，都普遍倡导和实施思想政治教育现代化。这种现象并非空穴来风，也不是一时的流行趋势，而是基于现实需求和客观必然性。具体原因可以从以下几个方面进行阐述。

第一，思想政治教育现代化是经济、政治、文化、社会生活全面现代化以及人的现代化的必然要求。在现代社会，经济的全球化市场化、生产的高度社会化、政治领域的民主法治化、文化领域的多元化、人们思想观念的多样性和多变性、社会物质生活和精神生活逐步从满足生存需要向高级需要的过渡等，都要求人们不断解放思想、更新观念、确立新的行为方式、塑造新的人格素质、发展多方面才能。

第二，思想政治教育现代化是信息时代的必然产物。21世纪是知识经济的时代，知识成为社会最重要的资源，知识的生产率成为企业、行业乃至国家在激烈竞争中取得胜利的关键因素之一。网络时代的到来，凸显了教育在经济社会发展中的核心地位，赋予教育特殊的历史使命。知识经济以知识为主要资源，教育作为知识的生产、传承和传播的主要途径，自然成为知识经济的核心。网络技术的迅猛发展，迫切需要加强网络思想政治教育工作。网络思想政治教育是以互联网和其他传播技术为载体，运用思想宣传的理论、原则和方法进行的一种教育活动。它通过制作、传播和控制网络信息，引导受众有选择地接受网络内容，以实现教育目的。它是思想政治教育与网络技术相结合的产物，代表了一种现代化的思想政治教育形式。

第三，思想政治教育现代化是思想政治教育发展创新的内在需求。在某种意义上，思想政治教育的发展创新实质上就是实现思想政治教育的现代化。所谓思想政治教育的发展创新，是指思想政治教育的观念、内容、方式、体制、模式等方面适应现代社会发展和人的发展需求，并促进社会发展和人的发展的改革和转变。简而言之，就是实现思想政治教育现代化。进一步而言，思想政治教育的发展创新，就是要适应知识经济时代和信息社会的需求，充分利用以网络技术为代表的现代科学技术，不断增添其科学含量，赋予其时代精神，以实现思想政治教育与时代境遇的历史耦合，完成思想政治教育从传统到现代的创造性转换。如果不能主动面对和回应网络技术革命带来的挑战，不断实现自身的现代化，那么思想政治教育的发展创新就无法实现。极端而言，思想政治教育只有适应现实生活的本质需求，反映时代发展的必然趋势，才能在现实社会中确立其重要地位，发挥其巨大作用，而现代化正是它所面临的最大现实。这就要求思想政治教育必须尽快实现现代化，否则其地位和价值也将不复存在。

（三）思想政治教育的国际化

第一，构建中国特色社会主义是一项人类历史上最为伟大且艰巨的事业，其过程中并无现成的模式可供借鉴。我们所构建的社会主义体系，是基于中国的具体国情，展现出独特的中国风格与中国气派，它是科学社会主义理论与中国革命及建设实践相结合的最新成果。然而，中国特色社会主义并非一个孤立于世界历史文明进程之外、自我封闭的体系。相反，它强调在马克思主义理论的指导下，汲取国内外社会主义的经验与教训，立足于当今世界的新特点，勇于推进改革开放，致力于实现政治、经济、科技、文化、思想意识和社会生活等各个领域的全面现代化。因此，批判性地学习和继承人类历史上所有优秀的文明成果，包括借鉴资本主义文明中合理且有益的元素，是构建中国特色社会主义题中应有之义。这也客观上提出了加强思想政治教育国际化的重要性。可以说，思想政治教育国际化是构建中国特色社会主义的内在要求。

第二，思想政治教育的国际化是应对国际思想文化交流日益频繁、不同文明间冲突加剧的重要策略。我们应利用社会主义的政治优势和马克思主义的理论深度，通过加强对外宣传和国际思想文化交流，向全球积极展示我国改革开放和社会主义现代化建设的卓越成就，阐释社会主义制度的优越性，以及多元文明共存共荣的必然趋势。

第三，思想政治教育的国际化同样是其自身发展与创新的内在需求。在确立思想政治教育的目标与内容，以及选择原则、方法、途径和载体时，主要应当符合我国改革开放和现代化建设的需求，并基于广大人民群众的实际思想状况。然而，国际形势作为宏观背景，亦是必须审慎考量的现实基础。国际社会对我国经济、政治、文化等方面的发展状况和政策措施的评价，以及对中国特色社会主义未来发展的预测，这些信息通过网络、广播、书籍、报刊、影视等多种渠道，直接或间接、深刻或浅显地影响着国人的思想认识，构成了思想政治教育必须应对的挑战。

思想政治教育的国际化，既具有必要性，也具备可行性。思想政治教育的国际化，并非旨在实现对接、融合、趋同或一致，而是意在面向全球、增进对世界的理解、拓展交流渠道、促进相互学习与借鉴。在这一层面上，国际化实际上一直在实践中持续进行。

第二章　高校思想政治教育工作概述

高等教育中的思想政治教育，是指高校根据社会的需求，对学生进行有目的、有计划、有组织的思想道德、政治素养以及心理素质的培养，旨在将学生塑造成为中国特色社会主义事业的合格建设者和可靠接班人。在中国，坚持马克思主义作为指导思想的核心，关键在于以马克思主义中国化的最新理论成果为指导，引导青年学生持续增强对中国特色社会主义道路、理论体系、制度以及文化的自信，将对中华民族伟大复兴中国梦的热情转化为勤奋学习、努力工作、报效国家的具体行动。高校思想政治教育作为我国高等教育体系中不可或缺的一部分，具有鲜明的中国特色，其内容是系统性的而非零散的，构建了一个严密的科学体系。它不仅涵盖了思想教育、政治教育等主导性教育内容，还包括了道德教育、心理教育、法治教育等基础性教育领域。

第一节　高校思想政治教育工作的特征

探究并掌握高校思想政治教育的特性，是对该教育内涵的深化与拓展，同时亦是确保高校思想政治教育成效的核心要素。以下将针对这些特性进行深入探讨与归纳总结。[①]

一、政治性——明确正确的政治方向

在我国，社会主义制度下思想政治教育的政治性主要体现在以下三个层面：首先，它体现了对广大工人和农民阶级利益的维护。思想政治

---

①周凌希. 新时期高校学生思想政治教育工作的思考[J]. 课程教育研究,2019(44)：77-78.

教育的核心目标在于实现、维护并发展最广大人民群众的根本利益，特别是工人和农民阶级的利益。其次，它反映了对社会主义制度的巩固。思想政治教育确保我国改革开放和现代化建设沿着巩固社会主义制度的正确方向前进，防止偏离方向，从而促进社会主义制度的巩固与进步。这要求我们深入理解并把握中国特色社会主义制度的本质和特征，坚持党的领导、人民当家作主和依法治国的有机统一，并大力推动经济、政治、文化、社会、生态等各领域制度的创新、发展和完善。最后，思想政治教育还承担着宣传党的纲领、路线、方针和政策，维护民主集中制和党的纪律的任务。通过坚持思想建党与制度治党相结合，思想政治教育强调重点，加强党性与道德教育，引导党员和干部坚定理想信念，坚守共产党人的精神追求。党员和干部必须深入学习马克思列宁主义、毛泽东思想，特别是中国特色社会主义理论体系，自觉运用其中的立场、观点和方法来武装头脑、指导实践、推动工作，坚定不移地为实现中国特色社会主义共同理想而努力奋斗。

习近平在全国高校思想政治工作会议上强调，意识形态工作是党的一项至关重要的任务，而思想政治教育作为意识形态工作的一个重要方面，大学生作为人民群众中最具活力和创造力的一个群体，高校应将思想政治教育工作置于更加显著和关键的位置，始终坚守马克思主义的指导地位，巩固实现"中国梦"的思想基础。在开展思想政治教育的过程中，更应凸显其明确的政治属性，坚持正确的政治导向，运用马克思主义的立场、观点和方法来分析和解决问题，坚定共产主义信念，牢固树立中国特色社会主义理论自信、制度自信、道路自信和文化自信。

二、时代性——跟紧时代的步伐，与时俱进

思想政治教育的时代性，关键在于把握时代的脉络，与时代同步，持续推动思想政治教育理论的创新。随着时代的持续演进，思想政治教育的时代性成为教育工作者必须持续面对的课题。不同的时代背景，决定了思想政治教育的目标、内容和方法也应随之变化。正如恩格斯所言："每个时代的理论思维，包括我们这个时代的理论思维，都是历史的产物，它在不同的时代呈现出不同的形态，并蕴含着不同的内容。"（《马克思恩格斯全集》第20卷，人民出版社，2016年）思想政治教育的时代

性要求教育者在关注时代发展的同时，根据经济社会发展的不同阶段，既要在理论上进行创新和发展，又要确保思想政治教育实践与理论相协调。时代的发展必将带来新的特征和趋势，因此，思想政治教育的时代性要求我们把握时代发展的潮流，反映时代的特点，并不断对思想政治教育理论进行创新和发展，使时代性在理论和实践的各个环节中得到体现。

同时，高校思想政治教育也必须紧跟时代的步伐，不容许出现滞后或倒退，必须具备鲜明的时代特征。这一特征主要表现在对当前党的路线、方针、政策以及这些内容的理论基础和现实依据的及时更新上。因此，我国的思想政治理论教育内容必然涵盖马克思列宁主义、毛泽东思想、中国特色社会主义理论体系、社会主义核心价值观等。这些内容的学习要与当前的理论发展保持同步，对于大学生理解理想信念教育、爱国主义教育、人生观教育、道德理论教育、生态文明教育等具有重要的现实意义。只有将时代性的理论内容融入思想政治教育，理论教育才能更具生命力，更容易被大学生接受。时代性特征在高校思想政治教育内容中的体现，就是要实现理论与实践的紧密结合，使大学生掌握先进而正确的理论知识，从而更好地指导实践活动，妥善处理实践中的热点与难点问题，这样的思想政治教育更具说服力。

三、实效性——切实做到以育人为本

高校思想政治教育的实效性，可理解为高校依据思想政治教育的目标与内容，结合本校思想政治教育的特色，发挥其教育功能，开展思想政治教育活动，以提升思想政治教育成效（即大学生的思想政治素质、道德品质及心理素质）与思想政治教育的融合程度。此过程旨在确保高校思想政治教育的各项任务得以实际执行，真正将育人作为根本，将育人理念贯穿于高校思想政治教育工作的始终。秉持着一切为了大学生的全面发展与健康成长的宗旨，高校应从大学生的个性发展和实际需求出发，有针对性地实施思想政治教育工作。

（一）转变观念，树立以学生为主体的理念

高校思想政治教育的核心目标在于促进其全面发展与成才，因此必

须确立以学生为中心的理念，充分尊重学生的主体地位及个性特点。教育者应在深入了解学生实际情况的基础上，贴近学生生活，精准定位教育引导的关键点和重点，依据学生的个性发展需求和实际状况，有针对性地开展思想政治教育工作。

（二）调动大学生内在的积极性和主动性

高校思想政治教育旨在将作用于学生身上的外部压力转化为其内在动力。这一过程不仅依赖于教育者的努力，更需学生自身的感悟与自我教育。因此，依据教育与自我教育相结合的原则，高校思想政治教育的各项措施应满足青年学生的心理需求，以学生全面发展为核心。在充分发挥学校教育引导作用的同时，应培养学生积极主动的人生态度，激发学生自我学习、自我教育、自我提升的能力，以促进其全面、健康地成长。

（三）高校思想政治教育要满怀关爱与责任

致力于服务大学生的成长与发展，同时坚持将解决学生的思想问题与实际问题相结合。高校的思想政治教育工作，旨在培养和引导学生，同时亦需关注和援助学生。对学生的关怀与支持应更为深入，更多地体现理解和尊重，以满腔热情积极协助解决学生所面临的各类实际困难。应迅速为大学生解决困扰，使思想政治教育工作如春风化雨般潜移默化，润物无声。

（四）根据学生的实际，建立分层递进的思想政治教育目标

鉴于学生在遭遇缺乏梯度、过于宏大的目标时，易产生混乱，高校在进行思想政治教育时，必须采取分层次、循序渐进的方式，引导学生从基础的道德规范逐步提升至更高层次的道德标准。在大学教育的全过程中，从专科一年级至三年级，再到本科一年级至四年级，每个年级均应确立相应的教育重点。对于刚踏入大学校门的新同学，学校应将教育的核心放在遵守规章制度以及如何高效学习上。通过教育学生遵守校规校纪，进而引导他们上升至遵守国家法律、法令，以此规范自己的学习、思维和日常生活。在学业进步的同时，学生应逐步学会如何为人处世，坚守人格尊严。对于二年级学生，教育的核心应是激励每位青年学生全

神贯注地学习每一门课程，无论是公共课程、专业课程还是选修课程，都要求学生认真对待，不分散注意力，不偏废任何科目，妥善处理学习与参与社会活动、处理恋爱关系以及解决生活问题之间的关系，全心投入学习，力求在各门课程上都有扎实的掌握。对于三年级和四年级的学生，教育的重点应转向就业指导，帮助学生树立正确的就业观念，妥善处理就业、择业与创业之间的关系，积极倡导学生先就业、再择业、最终创业。在整个大学教育阶段，除了每年侧重的教育内容外，理想信念教育以及世界观、人生观、价值观的教育应贯穿于高等教育的各个阶段。

（五）贴近实际、贴近生活、贴近学生地做思想政治教育工作

必须实质性地增强思想政治教育的吸引力与感染力，避免仅停留在口号层面，而应深入改进思想政治理论课程的教学策略。采用灵活多变的政治理论学习方式，以更高效地发挥思想政治理论课程的主导作用。教师的言传身教与学生的主动思考应实现有机结合，紧密贴合大学生的思想特质与思维模式，使学生从愉悦的接受到内心的信服。同时，应将积极的思想政治教育理念融入各类主题活动中，通过一系列创新性的校园及社会实践，让学生在亲身参与中实现自我提升。将学生为中心与教学为核心相结合，集中精力于提升教学质量，确保以学生为中心的教育理念在日常教学中得到贯彻，加强学风建设，提高教学质量；并落实到大力推动德育工作，推进素质教育。切实提升高校思想政治教育工作的影响力和实际效果。

四、针对性——提倡现实和个性

在新时代背景下，高校的思想政治教育面临一项关键任务，即在纷繁复杂的社会环境中，探索如何引导大学生学会辨识和选择，以促进其健康成长。这要求思想政治教育必须具备明确的针对性。教育者应协助学生透过现象洞察本质，深刻理解社会主义的强盛生命力，并掌握社会主义社会的核心价值观。一旦学生具备了辨别真伪、明辨是非的能力，他们将不会对复杂的社会环境感到畏惧，能够在其中健康成长。

对于大学生而言，除了掌握书本知识，积极参与校内外活动和社会实践，即所谓的第二课堂，也是至关重要的。例如，组织参观革命纪念馆等活动，有助于增强学生对中国特色社会主义道路、理论、制度和文化的自信。通过将理论知识与实践活动相结合，学生能够不断充实自身，为将来步入社会奠定坚实基础。高校在注重课堂教学的同时，应针对学生的心理和身心发展需求，精心策划选修课程和讲座，邀请专家学者深入探讨学生普遍关注的问题，以拓展学生的知识视野。此外，班级、学院及学校相关部门应积极策划各类课外活动，激发学生的兴趣，培养队伍合作精神，并促进学生深入挖掘个人兴趣，实现自我价值的充分展现。家长和社会各界亦应支持学校开展的教育活动，将对学生的期望与学校的教育目标紧密结合，通过学校、家庭和社会的共同努力，开展有针对性的思想政治教育，引导青年学生稳步成长，确保他们在成长的道路上每一步都走得坚实而有力。

五、科学性——根本方向和出路

（一）指导思想要科学

指导思想须遵循党的政治、思想及组织路线，若此等路线出现偏差，则思想政治教育的指导思想亦难免出现谬误。高校在进行思想政治教育时，必须以马克思列宁主义、毛泽东思想、中国特色社会主义理论体系为根本遵循，深入实施党的十八大以来的政策精神，全面执行党的教育政策，紧密结合"四个全面"战略布局的实践要求，以培养理想信念为核心，以爱国主义教育为关键，以思想道德建设为基础，以促进大学生的全面发展为目标，秉持解放思想、实事求是、与时俱进、求真务实的原则，坚持以人为本，确保教育内容贴近实际、贴近生活、贴近学生。

（二）内容要科学

科学性之于内容，体现在理论之完备性。马克思曾言："理论之完备，足以令人信服；一旦理论为群众所掌握，便化作不可阻挡的强大力量。"（《马克思恩格斯选集》第一卷，人民出版社，1995年）高校中的思想政治理论课程，作为大学生思想政治理论教育的核心，是确立青年学子正确世界观、人生观、价值观的关键途径。然而，在现实生活中，正确的认识过程往往充满曲折，需在与各种谬误的斗争中逐步实现。思想政治教育不仅要引导大学生追求正确的"三观"，还应引导他们辨识并远离各种错误思潮，明确界限。马克思主义理论体系构成了高校思想政治理论教育的主体，是经过实践检验的科学理论体系。一方面，必须持续坚持马克思主义理论的教育，随着马克思主义中国化成果的不断丰富与创新，高校思想政治理论教育的内容亦需与时俱进，不断完善，以坚定大学生树立正确"三观"的信念；另一方面，面对国际与国内的多种消极因素及错误思潮，必须运用马克思主义的立场、观点和方法，通过科学的研究与分析，提出正确的回应和有力的辩驳。对于那些受到不良影响的大学生，应通过事实的陈述和道理的阐释，引导他们追求真理，并使之转化为青年学生内心的需要和自发的行动。

（三）方法要科学

在时代发展的背景下，准确掌握思想政治教育的规律性，提升其实际效果至关重要。高校中的思想政治教育是在特定环境和特定群体中展开的，各高校在培养目标和专业设置上存在显著差异。同样，同一专业内不同年级的学生具有各自的特点，即便是同一年级，不同个体的思想品德状况也存在差异。因此，在选择思想政治教育方法时，必须充分考虑这些特殊情况。尽管从广义上讲，教育方法可以千差万别，但思想政治教育的目标始终是通过集体教育与个别教育、直接教育与间接教育的途径来实现。因此，无论采取何种方法，都应立足于高校和学生的实际情况，以增强教育效果，有针对性地进行选择和调整。只有这样，高校的思想政治教育才能达到事半功倍的效果。

第二节　高校思想政治教育工作的内容

高校思想政治教育的内容，构成了该领域教育的关键要素，是教育工作者向学生传递教育理念的具体内容。这些内容的安排并非随意，而是基于思想政治教育的目标、任务以及学生的思想实际来确定的。思想政治教育的目标和任务所固有的丰富性，以及学生精神世界发展的多样性，决定了思想政治教育内容的多维性和广泛性。这些多维内容依据特定的层次结构相互关联、相互影响，共同构成了思想政治教育的系统性内容。①

　　高校思想政治教育的核心宗旨在于持续提升个体的思想道德素养，并推动人的全面成长。为实现此目标，高校所开展的思想政治教育内容应当涵盖以下五个主要领域：世界观的培养、政治立场的塑造、人生目标的指导、法治意识的强化以及道德观念和价值取向的培育。

一、世界观教育

（一）辩证唯物主义教育

　　开展辩证唯物主义教育的目的，在于引导人们深入理解并掌握辩证唯物主义的核心理念，并将这些理念应用于认识、分析及解决问题的过程中。教育过程中，应当遵循并尊重客观规律，同时积极发挥主观能动性，将对客观规律的尊重与主观能动性的发挥有机融合。在观察世界时，应采取全面、联系、发展的视角，避免孤立、片面、静止不变的思维方式。教育还应强调两点论与重点论的统一，既要全面审视事物，又要善于识别并把握事物的关键要素。同时，要注重量变与质变之间的关系，重视量的积累以及事物细微变化的同时，根据事物发展的阶段，适时推动事物从量变向质变的转变。此外，应采取科学的分析态度和方法，从肯定与否定的结合上对事物进行考察。在当前复杂多变的社会环境中，进行辩证唯物主义教育，有助于人们运用正确的观点和科学的方法，透过纷繁复杂的社会现象，洞察社会发展的趋势，坚定建设中国特色社会主义的信念；有助于人们正确评价改革开放过程中出现的问题，认识到党和政府为解决这些问题所作出的巨大努力，明确自身在解决这些问题、推进社会主义和谐社会建设中的历史使命，从而积极投身于社会主义现代化建设的伟大事业中。

（二）历史唯物主义教育

　　历史唯物主义是一门研究人类社会发展普遍规律的科学。马克思和恩格斯基于社会存在与社会意识之间的辩证关系，深入阐释了生产力与生产关系、经济基础与上层建筑之间矛盾运动的诸多规律。这些理论为

---

①呼勤,黄少平.高校思想政治教育学原理[M].成都:电子科技大学出版社,2016.

人们正确理解人类社会历史及其发展趋势，以及资本主义与社会主义社会的发展规律，提供了科学的理论指导。

通过历史唯物主义的教育，应引导人们认识到社会规律和历史必然性是不可违背的，并且社会主义取代资本主义是历史发展的必然趋势，任何力量都无法阻挡。这将坚定人们对于社会主义和共产主义的信念和理想。同时，应使人们理解并掌握生产力与生产关系矛盾运动的规律，坚持将解放和发展生产力作为制定路线、方针和政策的起点和目标，坚持以经济建设为中心，积极投身于改革开放和现代化建设。此外，还应使人们理解并掌握经济基础与上层建筑矛盾运动的规律，坚持在改革和完善社会主义经济基础的同时，不断改革和完善社会主义上层建筑。最终，应使人们认识到人民群众是历史的创造者，始终坚持以人民为中心的发展思想，坚持一切为了群众、一切依靠群众，贯彻群众路线，始终坚持以人为本，确保发展成果由人民共享。

(三)马克思主义认识论教育

开展马克思主义认识论教育的目的在于使人们深入理解并掌握马克思主义认识论的核心理念，进而不断提升其在实际活动中自觉认识和改造世界的能力。首先，必须引导人们深刻理解认识与实践的辩证统一关系，坚持在实际工作中从实际出发，将理论与实际相结合，实事求是，并在实践中检验和发展真理。同时，应倡导解放思想、实事求是、与时俱进、求真务实的原则，不断推动理论与实践的创新。其次，教育人们掌握认识发展的规律，学会运用归纳与演绎、分析与综合、抽象与具体、历史与逻辑相结合的辩证思维方法，对丰富的感性材料进行筛选和提炼，从而将感性认识提升至理性认识。同时，坚持将一般理论与具体实践相结合，运用调查研究等方法，实现理论向实践的转化。最后，教育人们理解真理与价值的关系，坚持真理尺度与价值尺度的辩证统一，在实践中弘扬科学精神与人文精神。既要用科学的实事求是精神去认识和改造世界，又要将人民的利益和人的发展视为所有认识和实践活动的出发点，贯彻以人为本的原则。

二、政治观教育

在高校中，对受教育者进行政治观念和法治观念的培养是思想政治教育的核心内容。确立正确的政治观念和法治观念，有助于受教育者准确理解国家和党的路线、方针以及政策，同时促进他们自觉地遵守法律法规，确保社会的稳定与持久安宁。

政治观念教育的实质在于引导受教育者在社会生活中重视政治原则。所谓"讲政治"，涵盖了政治方向、政治立场、政治观点、政治纪律、政治鉴别力和政治敏锐性等多个方面。政治观念教育的目标是坚定受教育者正确的政治方向和立场，提升他们的政治鉴别力和敏感性，加强他们的政治纪律意识，从而提高他们"讲政治"的综合能力。

（一）基本经济制度和政治制度的教育

深刻理解国家的基本经济制度与政治制度，乃政治观教育之核心。引导受教育者准确把握国家基本制度，对于增强其对中国特色社会主义的信念具有重要意义。

在开展基本经济制度教育时，我们应聚焦关键点，具体可从以下三个维度着手：首先，引导受教育者准确理解我国采纳社会主义市场经济体系的理论与实践基础，以及选择该体系的历史进程和其性质与内容，明确其为改革开放实践发展的必然产物；其次，帮助受教育者全面掌握公有制与按劳分配的内涵及其在经济体系中的主导地位，强调坚持这一主导地位的重要性，以及公有制经济与非公有制经济、按劳分配与按生产要素分配之间的关系；最后，引导受教育者准确把握保持我国经济持续健康发展的重大意义，以及促进国民经济战略转型的必要性，同时，正确引导受教育者认识经济发展过程中出现的问题与矛盾。

在高校思想政治教育中进行基本政治制度教育时，也应着重强调以下三个层面：首先，全面介绍并正确评价中国特色社会主义政治制度，科学分析西方国家政治制度，明确我国为何不宜采纳西方政治制度；其次，帮助受教育者准确把握我国民主政治发展的基本方向，即依法治国，建设社会主义法治国家；最后，帮助受教育者认识到推进我国政治体制改革的必要性，以及坚持党的领导、人民当家作主和依法治国有机统一的重要性。

(二)国情教育

国家的基本情况是党和政府制定政策方针的根本依据。正如毛泽东同志所言:"了解中国社会的性质,即了解中国的国情,是理解所有革命问题的基本前提。"(《毛泽东选集》第二卷,人民出版社,1991年)国情指的是一个国家相对稳定的总体客观实际状况。它涵盖了社会发展阶段、经济、政治、思想、文化、人口、民族、历史特征、地理状况、自然资源等多个方面,这些因素对国家经济社会的发展具有决定性影响。国情教育涉及自然国情、历史国情、现实国情以及比较国情等多个方面。

当前,国情教育的核心任务在于引导公众认识到我国正处于社会主义初级阶段,思考问题和处理事务都必须以此基本国情为出发点。此外,国情教育还应帮助人们正确理解中国人民为国家独立和民族振兴所进行的革命斗争历史。

国情教育的目的在于帮助人们全面了解我国在经济、政治、军事、外交以及社会、文化、人口、资源等各个方面的历史与现状,以及我国社会主义现代化建设的目标、步骤和宏伟蓝图。同时,还应进行国情比较教育,通过科学比较中国与其他不同类型的国家,使教育对象认识到我国的优势与不足、有利条件与挑战,从而增强其使命感和社会责任感,激发其艰苦奋斗的创业精神。

(三)形势与政策教育

形势与政策教育是政治观念教育中的一项常规内容。开展形势政策教育,有助于人们清晰地认识当前形势,明确目标和任务,以及正确地理解并自觉地执行党的路线、方针和政策。

所谓形势,是指社会各领域事物的现状及其发展趋势的综合体现。其内涵可从两个维度来阐释:一是指客观事物发展的现状,即事物的静态表现;二是指客观事物的发展趋势,即事物的动态表现。形势可根据不同的分类标准划分为多种类型。按照空间维度,可分为国际形势、地区形势、国内形势等;按照时间维度,可分为过去的形势、当前的形势和未来的形势;按照内容维度,可分为政治形势、经济形势、军事形势、外交形势、文化教育形势、科技形势等。在进行形势与政策教育时,需关注以下三个主要方面。

首先，必须坚持"全面阐述形势"和"深入解读政策"。在分析形势时，应将不同层面和类型的形势综合起来进行考量，力求做到全面和精确。在解读政策时，也应追求准确性和全面性，以保持政策的严肃性和权威性。

其次，教育应从受教育者的实际利益和思想状况出发，关注其需求和诉求。必须清晰地阐述人们关注的焦点问题、涉及人们切身利益的问题以及党和政府为解决这些问题所采取的主要政策，既培养人们的"问题意识"，又展示解决问题的希望，从而使得形势与政策教育受到欢迎并取得积极成效。

最后，应注重提升受教育者分析形势、把握政策的能力。引导人们运用马克思主义的立场、观点和方法来分析形势，采取实事求是的态度，坚持用联系的、发展的和全面的观点来正确识别形势中的主要和次要方面、本质和表象、局部和整体，从而正确理解现行各项政策，并自觉地支持这些政策。

（四）爱国主义教育

爱国主义始终是各国推崇的核心价值之一。在不同的历史阶段，不同国家、民族和阶层对爱国主义的诠释和阐述各有差异，但普遍涵盖了对国家的深情和相应的行动两个方面。情感层面上，爱国主义主要体现为对国家的山川、人民、历史和文化的热爱；而在行动层面上，则体现为捍卫国家的统一、安全、尊严和利益。

爱国主义是一个随社会发展阶段而变化的历史概念。在和平发展的时代背景下，爱国主义主要体现为致力于社会主义现代化建设与保卫事业，以及推动祖国统一的事业。因此，当前爱国主义教育的核心内容包括以下几个方面。

首先，教育人们理解社会主义是中国的必由之路，是推动中国发展的根本途径。在中国，爱国主义与社会主义本质上是一致的。坚持社会主义道路，走中国特色社会主义道路，正是爱国主义的具体体现。

其次，开展中华民族优秀传统和革命传统的教育。对广大青年进行近代历史、社会主义必然性、中华民族优秀传统和革命传统的教育，有助于树立正确的历史观，消除错误政治观念的影响，提升个人的思想政治素养。

最后，重点进行民族团结、国家统一和国家安全的教育。民族团结、国家统一和国家安全始终是爱国主义的核心要素，因此，它们是当前及未来一段时期内爱国主义教育的关键内容。

在开展爱国主义教育的过程中，需要特别注意三个问题：一是引导人们以理性的方式表达爱国情感；二是帮助人们正确认识爱国主义与国际主义的关系；三是引导人们正确理解对外开放与爱国之间的联系。

（五）民族精神教育

民族精神，乃是一个民族在长期共同生活中孕育而生，被该民族大多数成员所共同认可的价值观念、思维模式、道德准则以及精神风貌的集合体。民族精神对于民族的发展至关重要，它是民族生存与进步的精神支柱。一个民族若缺乏振奋的精神和高尚的品质，便难以在世界民族之林中立足。民族精神亦是国家综合国力的关键构成要素。国家的繁荣与民族的自立，不仅需要通过不懈努力积累坚实的物质基础，更需通过艰苦卓绝的奋斗锻造强大的精神力量。中华民族自古以来便孕育了伟大的民族精神。在五千余年的历史长河中，中华民族铸就了以爱国主义为核心，团结统一、爱好和平、勤劳勇敢、自强不息的民族精神。这一精神是中华民族历经五千年生生不息、发展壮大之精神支柱，是各民族世世代代自强不息、团结奋斗之坚固精神纽带，是我们不断开拓新境界、创造新未来的无尽精神动力。在当前我国社会正经历深刻变革，价值观念日益多元化的时代背景下，弘扬民族精神，增强民族凝聚力，激发各民族和社会各界的积极性，汇聚各方智慧与力量，对于推进中国特色社会主义建设具有极其重要的现实意义。

三、人生观教育

人生观是指人们在生活实践中形成的关于人生目的和意义的根本观念和总体态度。它主要解答了人生的价值、目标为何，应塑造何种自我形象，以及如何度过一生等核心问题。人生观指导着人生道路的选择，并决定了人生发展的方向。在阶级社会中，各种人生观均带有特定阶级的特征。无产阶级的人生观将全心全意为人民服务、为实现共产主义而奋斗视为人生的最高目标，它是人类历史上最为科学和进步的人生观。开展共产主义人生观教育，对于帮助人们明确工作与生活的方向，塑造积极向上的生活态度，激发精神力量，积极投身于社会主义现代化建设事业，具有极其重要的意义。

（一）理想教育

理想是人们在实践中形成的对未来的一种向往和追求，它代表了有实现可能的人生奋斗目标。开展理想教育的目的，在于引导人们将共产主义理想内化为个人追求，确立共产主义目标，并为之不懈努力。因此，在实施理想教育的过程中，必须将远大的共产主义理想教育与当前阶段的中国特色社会主义共同理想教育相融合，以此激发人们怀揣远大理想，同时脚踏实地地为实现共同理想而努力。同时，应结合各行各业及各个集体的发展目标和具体任务，开展理想教育，引导人们立足本职，尽职尽责，为共同理想的实现贡献力量。此外，理想教育还应与引导人们理性追求合理的个人利益相结合，帮助人们妥善处理各种利益关系，促进团结，共同为增进共同利益而奋斗。将社会理想的教育与个人理想的引导相结合，有助于人们将个人理想融入崇高的社会理想之中，并在实现社会理想的过程中实现个人理想。针对不同教育对象的思想实际，应确定不同的教育起点，并采取适宜的教育形式。只有这样，理想教育才能深入人心，取得实效，促进不同层次和起点的人们共同进步。

（二）人生价值观教育

人生价值观构成了人生观的核心要素，它体现了对人生价值的深层次认知。无产阶级的人生价值观主张，人生的价值体现在奉献而非索取上，其评价标准主要以个人对社会所作贡献的大小为准。因此，在进行人生价值观教育时，应当激发人们的社会责任感，鼓励他们为社会进步而不懈努力。必须引导人们理解，社会主义现代化建设的伟大实践为实现个人价值提供了宽广的平台。个人唯有树立为人民服务的崇高事业心，积极投身于现代化建设，为社会主义的物质文明和精神文明做出更多贡献，才能赢得社会对其人生价值的认可，从而更充分地实现个人价值。同时，还应引导人们不断自我完善和发展，积极主动地实现个人的自我价值，为社会创造更大价值奠定坚实的基础。

在构建社会主义市场经济体系和建设和谐社会的进程中，开展无产阶级人生价值观教育显得尤为重要。社会主义市场经济体系作为中国特色社会主义系统工程的组成部分，必须恪守社会主义的基本原则。在社会主义市场经济体系中，我们不仅要坚持按劳分配和等价交换的原则，还应当倡导共产主义的风格和真诚的奉献精神。没有一代人的无私奉献和不懈奋斗，社会主义市场经济体系的建立和和谐社会的建设这一宏伟事业将难以实现。因此，必须大力推广无产阶级人生价值观教育，引导人们积极投身于中国特色社会主义的伟大实践，让他们在改革开放和和谐社会建设所提供的广阔舞台上找到自己的位置，发挥个人的才智，在为中华民族的振兴而劳动、创造和奉献的过程中实现个人的人生价值。

（三）成才教育

培养适应社会主义现代化建设需求的合格人才，乃高校在思想政治教育领域肩负的基本职责。为达成此目标，必须对广大青年群体实施成才教育，旨在引导他们树立正确的成才观念和远大志向，并通过系统学习与实践锻炼，将他们培养成为社会主义现代化建设事业的栋梁之材。成才教育不仅关乎个人社会价值与自我价值的实现，亦是社会理想与个人理想交汇融合的关键所在。因此，成才教育在高校思想政治教育体系中占据着不可或缺的地位。

（四）艰苦奋斗精神教育

开展艰苦奋斗精神的教育，旨在培养人民群众崇尚简朴、勇于面对困难、坚韧不拔的品质，以助力实现党所制定的社会主义初级阶段目标而不懈努力。鉴于我国的基本国情，人民生活水平的提升必须是逐步实现的。只有立足于我国的实际情况，合理规划我们的生活，才能确保将有限的资源和资金投入到经济建设中，从而加速其发展，并确保人民生活水平的持续提升。同时，我国社会主义现代化建设的长期性和艰巨性决定了在这一进程中必将遭遇诸多困难甚至挫折。缺乏艰苦奋斗的精神，我们可能会被困难所吓倒，在挫折面前停滞不前。因此，必须激励全体人民发扬艰苦奋斗的精神，脚踏实地，勤奋工作，以克服各种挑战，勇往直前，不断推进社会主义现代化建设事业。由此可见，倡导艰苦奋斗精神并非权宜之计，而是我国社会持续发展的根本要求。因此，艰苦奋斗精神的教育是高校思想政治教育中一项长期而重要的内容。

四、法制观教育

(一)社会主义民主教育

开展社会主义民主教育,必须重视培养公民的民主意识。民主意识是指公民在一定的政治知识和经验基础上,对所处政治体系及其运作方式的自觉认识,它体现了公民对政治活动的责任感、使命感和义务感。民主意识的成熟程度,直接关系到公民参与民主生活的深度和行使民主权利的能力,进而影响社会主义民主的实现程度。因此,必须采取多种措施,积极培育公民的民主意识,为社会主义民主目标的实现奠定基础。

开展社会主义民主教育,关键在于强化公民的政治参与能力。政治参与是指在民主社会中,公民基于共同利益,通过合法手段和途径参与社会政治生活,并对政府决策及其他公共政治活动产生影响的行为。这不仅是社会主义民主教育的核心内容,也是提升公民民主意识的关键途径。

(二)社会主义法制教育

完善社会主义法制,依法治理国家,构建社会主义法治国家,乃实现中国特色社会主义的关键目标。加强社会主义法制教育,提升公民法律素养,是实现此目标的关键措施。目前,社会主义法制教育的推进需关注以下几个方面。

首先,普及法律知识于公民。普及法律知识是提升公民法律素养的根本,是培养公民法律意识及指导其法律实践的先决条件。必须重视法律基础知识的教育,协助公民理解并掌握马克思主义法学的核心观点,熟悉我国法律制度及体系,掌握宪法与法律的核心精神与内容,特别是与公民日常生活紧密相关的法律规范的核心精神与内容。此乃社会主义法制教育的基础性任务,应持续不懈地加以推进。

其次,培育公民的法治理念。法治理念是指人们在理性认识法律现象基础上形成的重视、遵守并自觉执行法律的思想意识。重点在于培养公民的社会主义法治理念、权利与义务观念、法律面前人人平等的观念。帮助公民树立清晰的法治理念,既是法制教育的基础任务,也是其核心所在。

再次，提升公民的法律能力。公民不仅需具备一定的法律知识和法治理念，还应具备相应的法律能力。法律能力主要包括法律思维能力和法律应用能力。法律思维能力涉及对法律原理和概念的理解与掌握、对法律命题的推理与论证等。法律应用能力则是运用法律知识和法律规范指导个人行为，解决具体法律问题的能力。在法制教育过程中，应通过多种途径着力提升公民的法律能力，以使法律更有效地促进人们的工作与生活。

最后，促使公民养成法律习惯。培养法律习惯应着重于法律思维习惯和法律行为习惯的养成。法律思维习惯是指人们依照法律规定、原理和精神，思考、分析和解决法律问题的思维模式与倾向。法律行为习惯是指人们在实践中形成的依照法律行事和行为的习惯。促使公民养成法律习惯，是法制教育的终极目标，是法律转化为现实力量的重要体现。应重点培养公民讲法律、讲证据、讲程序、讲法理的思维模式和依法行事的行为习惯，确保法律在公民生活中得到贯彻实施。

(三)遵守纪律教育

纪律乃特定社会组织为其成员所确立的行为规范。无论组织目标、性质及规模如何相异，均需规范成员行为之纪律。社会主义社会之纪律，乃确保社会组织活动顺利推进及社会生活有序运行之保障。缺乏纪律，工作、学习与生活之秩序将无法得到维护，社会主义现代化建设亦难以顺利展开。

实施纪律教育，首要任务在于引导人们正确理解纪律与自由之关系。纪律与自由乃对立统一之关系，二者相互制约、相辅相成。纪律保障自由，无纪律则个人自由难以确保；而绝对自由，不受任何限制，在现实生活中并不存在。其次，需培养人们的纪律意识。社会组织应制定科学、合理的纪律规范，并在此基础上引导人们认识纪律之合理性与必要性，形成遵守纪律为荣、违反纪律为耻之观念。最终，应帮助人们养成自觉遵守纪律之习惯。提升人们遵守纪律之自觉性，促使人们在日常工作中、学习中及生活中，均能自觉地以纪律约束和规范自身行为。

五、道德观与价值观教育

开展道德观与价值观教育，对于提升教育对象参与社会主义物质文明、精神文明、政治文明及生态文明建设的积极性，具有极其重要的意义。

（一）道德观教育

道德属于上层建筑领域，体现为一种特定的社会意识形态。它通过社会舆论、传统习俗以及人们的内心信念得以维系，是对人们行为进行善恶评价的心理意识和原则规范的综合体现。

1. 中华民族优良道德传统的主要内容

在漫长的历史进程中，中华民族孕育了悠久而卓越的道德传统。中华民族始终将集体、国家及民族的利益置于首位，强调对社会、民族和国家的责任感与奉献精神。其推崇的"仁爱"原则，追求的是人际间的和谐相处；其讲究的是谦逊、尊敬与礼让；其强调的是克制傲慢、预防自满；其倡导的是言行相符；其重视的是坚守诚信；其注重的是道德修养；其追求的是精神层面的提升。此外，中华民族还崇尚廉洁自律、勤俭节约、孝顺父母、尊敬长者、自强不息、见义勇为等高尚品质。这些优秀的道德传统和品质已经深植于民族的思维模式、价值观念和行为习惯之中，成为中华民族生命体中不可或缺的一部分，同时也是构建社会主义道德体系的重要基石。

2. 社会主义道德的核心和原则

社会主义道德是马克思主义理论与中国特色社会主义伟大实践相结合的产物，它既是对中国古代优良道德传统的继承与提升，也是对革命道德传统的直接承继与发扬。

（1）社会主义道德建设的核心

为人民服务构成了社会主义道德建设的核心，这一原则是社会主义道德区别于其他社会形态道德的显著特征。在社会主义社会中，人们能够通过各种方式履行为人民服务的道德义务，无论其社会分工或能力大小，均能在各自的岗位上以不同方式实现为人民服务的目标。在当前的新环境下，继续弘扬为人民服务的道德观念显得尤为重要。应当将为人民服务的理念融入各种具体的道德规范之中，引导人们妥善处理个人与社会、竞争与合作、先富与共富、经济效益与社会效益等多重关系，倡导尊重、理解、关心他人，进一步发扬社会主义人道主义精神。

（2）社会主义道德建设的原则

集体主义作为我国公民道德建设的核心原则，是社会主义经济、政治和文化建设的必然产物。在社会主义社会中，国家利益、集体利益与个人利益本质上是一致的。开展集体主义教育的目的，在于将集体主义精神融入社会生产与生活的各个领域，引导公民正确理解和处理国家、集体与个人之间的利益关系。具体而言，关键在于坚持"两个统一"。

首先，必须坚持个人利益与集体利益的统一。在社会主义条件下，个人利益与集体利益本质上是相辅相成的，尽管在实践中可能会出现矛盾。当个人利益与集体利益发生冲突时，个人利益应服从集体利益，必要时甚至需要个人作出牺牲。然而，强调集体利益并不意味着忽视或否定个人利益。没有集体利益，个人利益将失去依托；反之，没有个人利益，集体利益亦将失去存在的价值。因此，在维护和实现集体利益的同时，也必须充分尊重和保障个人的合法权益。

其次，要坚持眼前利益与长远利益的统一。长远利益在不同的历史时期具有不同的内涵。当前，我国人民的长远利益在于建设一个富强、民主、文明、和谐的社会主义现代化国家。在此背景下，一方面，应尽量减少人们为长远利益所作出的眼前利益牺牲，合理安排人们的日常生活；另一方面，需要引导人们正确认识眼前利益的牺牲，坚持将长远利益与眼前利益相结合。因为这不仅有助于长远利益的实现，最终也将有利于眼前利益的实现。

3. 道德观教育的着力点

随着我国社会经济结构、组织形态、就业模式、利益关系以及分配机制的日益多样化和复杂化，传统的道德规范正面临严峻挑战，道德失范现象日益凸显。这些问题在很大程度上已经对国家的正常经济和社会秩序造成了损害，影响了改革、发展和稳定的大局。因此，全面加强道德教育已成为当务之急。

（1）荣辱观教育

"荣誉"与"耻辱"构成了基本的道德范畴。所谓"荣誉"，指的是个人或集体所获得的正面评价和尊重；而"耻辱"则指因不当行为而遭受的负面评价和社会的谴责。荣辱观反映了人们对于荣誉与耻辱问题的根本立场和态度，它体现了特定社会的思想道德原则和行为规范。社会主义荣辱观是社会主义核心价值观的重要组成部分，它融合了爱国主义、集体主义和社会主义思想，以及社会主义基本道德规范和社会风尚的核心要求。它不仅继承了中国传统美德，而且与时代精神相结合，生动地展现了社会主义的世界观、人生观和价值观。

（2）公民基本道德规范教育

道德作为社会行为的准则，主要通过规范的形式发挥其作用。在道德领域内，道德规范构成了人们区分善恶、道德与不道德的基本标准，同时也是人们在行为选择中应当遵循的基本准则。历史与现实均证明，道德在社会中的影响力，很大程度上取决于社会成员对基本道德规范的认知程度、信仰程度以及实践程度。因此，公民道德建设应当将重要的、基础的道德规范作为社会道德体系的核心，在全社会范围内积极推广。

（3）社会公德教育

随着现代社会的不断进步，公众生活领域持续拓展，人际交往愈发频繁，社会公德在保障公共利益、维护社会秩序以及促进社会稳定方面的重要性日益凸显，成为衡量公民个人道德修养和社会文明程度的关键指标。社会公德是指公民在社会交往和公共生活中应遵循的道德规范。其特征表现为简洁明了、普遍适用和基础性。《公民道德建设实施纲要》明确指出，社会公德"涉及人与人、人与社会、人与自然之间的相互关系"。开展社会公德教育，确保每个人都能自觉遵守并共同维护社会公德，对于确保社会生活的顺畅运行、塑造良好的社会风尚、加强社会主义精神文明建设以及提升全民族的思想道德水平，具有极其重要的意义。

（4）职业道德教育

职业道德乃指从事特定职业者，在其职业生涯中应遵循的具有职业特性的道德规范和行为标准。在社会职业领域内，既存在普遍的道德规范和行为标准，亦有特定行业的道德规范和行为标准。鉴于个人的职业道德通常与职业理想、职业荣誉紧密相关，因此，对公众进行职业理想、职业荣誉的教育和引导，是深化职业道德教育的关键环节。

（二）价值观教育

价值观直接反映一个人的世界观和人生观。实施价值观教育不仅有助于教育对象确立正确的价值准则，引导其作出恰当的价值判断，而且通过确立正确的价值观，能够进一步塑造其正确的世界观和人生观。就社会与人类发展而言，价值通常可以划分为以下三个类别：

1. 物质价值

物质价值指的是自然界本身或经过人类加工、改造的自然物，作为客体与主体的生存和发展之间所形成的不可或缺的物质需求关系。它具体可以划分为两个范畴：首先是自然价值，即自然界所固有的物质价值，例如空气对人类呼吸的必要性；其次是经济价值，指的是人类及其社会在改造自然界的实践活动中所创造的，能够满足人类衣食住行等基本物质需求的价值。

2. 精神价值

精神价值相对于物质价值而言，指的是客体（包括自然、社会及精神产品）与人的精神文化需求之间的关系。换言之，精神价值体现了客体对于满足主体精神生活需求的重要性。精神价值大致涵盖知识价值、道德价值和审美价值三个层面。知识价值主要体现在知识对于人们认识世界和自我认知需求的满足上。道德价值则主要体现在高尚的道德行为对人们心灵的慰藉、情感的触动以及行为的示范效应上。审美价值则关乎美好事物为人们带来的美的体验和愉悦感受。

3. 人的价值

人类既是自然界的一部分，也是社会结构的组成成员。从自然属性的角度审视，人类的价值并不显著超越其他生物种类。然而，人类的价值主要体现在其社会属性上，即人类价值的衡量标准在于其满足社会需求的程度。一个人及其所属集体的价值，取决于他们对社会物质和精神需求的满足程度。人类的价值在于其对社会所做出的贡献。

第三节　高校思想政治教育工作的目的

高校在进行思想政治教育时所追求的目标，是指通过此类教育活动，期望在受教育者的思想与行为上实现既定的成果。换句话说，高校的思想政治教育目标是教育者基于社会发展需求以及受教育者精神成长需求，对受教育者思想品德素质所设定的期望和规范。这一目标不仅是开展各项思想政治教育活动的基准和推动力，而且反映了高校思想政治教育的价值导向。[①]

高校思想政治教育的目标并非单一，而是多元化的，构成了一个目标体系。依据特定的标准，可以从多个视角对其进行划分，进而细分为不同的类别与层次。

一、根本目的和具体目的

这是按在高校思想政治教育目的体系中的地位所做出的划分。我国高校在思想政治教育方面，以共产主义为指导方向，直接作用于人的思想品德，致力于培养人的思想道德素质。这一教育性质决定了我国高校思想政治教育的核心目标，即提升人们的思想道德素质，推动人的全面发展，激发教育对象为构建具有中国特色的社会主义事业而努力，最终实现共产主义理想。此核心目标包含两个相互关联的方面：其一，提升教育对象的思想道德素质；其二，推动人的全面发展。

高校思想政治教育的核心目标，是该教育领域的最高追求和终极目标，具有原则性的指导意义，为教育活动指明了方向。核心目标是思想政治教育的灵魂，是长期发挥作用的目标，是团结和激励教育者及受教育者共同奋斗的旗帜。缺乏这面旗帜，高校的思想政治教育将失去其本质。因此，核心目标对于高校的思想政治教育具有至关重要的意义，它确立了思想政治教育的共产主义方向，所有教育活动都必须与这一核心目标保持一致。

高校思想政治教育的核心目标可被视为长期目标，需要人们持续不

---

① 刘永. 新媒体时代高校思想政治教育工作探析[J]. 教育教学论坛,2019(42):38-39.

懈地努力才能达成。在实施思想政治教育过程中，这一长期目标通常需要分解为多个层次，形成一系列具体目标，以指导具体的教育活动。通过实现这些具体目标，逐步向长期目标迈进。可见，具体目标是核心目标的具体体现，其作用在于将思想政治教育的任务落实到各个教育机构或教育者个人身上，因此，具体目标在高校思想政治教育中也占据着重要地位。

二、个体目的和社会目的

这是按作用对象对高校思想政治教育目的所做出的划分。高校在进行思想政治教育时，旨在实现个体层面的特定目标，这些目标涉及受教育者的思想与行为的转变，具体包括心理素质、思想素质、道德素质和政治素质等方面。其中，心理素质的培养构成基础，思想素质的塑造是前提，道德素质的提升是核心，而政治素质的强化则是关键。此外，高校的思想政治教育还承载着社会层面的目标，即通过教育活动，期望在社会成员的思想与行为上产生预期的影响。社会目标相较于个体目标具有更高的层次，涵盖了政治、经济和文化三个维度。政治目标是实现经济目标的根本保障，并规定了文化目标的性质与内容；经济目标是政治目标和文化目标的根基；而文化目标虽然受到政治目标和经济目标的限制，但同时它也是实现政治目标和经济目标的必要条件。高校的思想政治教育社会目标对个体目标具有指导和控制作用，它决定了个体目标的构建、发展和实现过程，而个体目标的实现又是社会目标得以实现的基础。

三、远期目的、中期目的和近期目的

这是按时限对高校思想政治教育目的所做出的划分。长远目标，亦称作远期目标，指的是需经过长期不懈努力方能达成的高校思想政治教育目标。在某种程度上，它可被视为在一段较长时期内必须完成的核心任务。该目标反映了社会发展之客观趋势以及受教育者精神世界发展的长期需求，对高校思想政治教育活动具有深远的指导意义。高校思想政治教育的中期目标，指的是需经过一段时间努力方能实现的教育目标。实际上，它是将长远目标所提出的基本任务进一步细化，使之具体化，

便于操作实施。高校思想政治教育的中期目标具有阶段性、局部性和过渡性特征，是教育活动中的战略目标，对高校思想政治教育活动具有显著的指导作用。高校思想政治教育的近期目标是中长期目标的具体化，是当前教育活动所追求的预期成果，具有现实性、具体性和可操作性，是教育活动中的战术目标。高校思想政治教育的大部分活动旨在实现近期目标，因此，该目标对高校思想政治教育至关重要，对教育活动具有直接的指导作用。高校思想政治教育的长远目标、中期目标和近期目标之间相互作用、相互制约。长远目标指导并制约着中期目标和近期目标；而中期目标则作为连接长远目标与近期目标的桥梁和纽带，发挥着承前启后的作用；近期目标是实现中期目标和长远目标的基础。

四、观念性目的和指标性目的

这是按抽象程度对高校思想政治教育目的所做出的划分。高校思想政治教育的目标，以抽象概念的形式呈现，集中体现了该教育目标的社会价值、发展价值以及整体需求，具备明确的导向性和激励作用。而思想政治教育的指标性目标，则由一系列具体目标构成，这些目标以指标形式展现，是思想政治教育观念性目标的具体化。借助这套指标，人们能够对思想政治教育活动进行精确的检测和比较。在思想政治教育目标体系中，这两类目标均不可或缺。缺乏思想政治教育的观念性目标，指标性目标将失去支撑和方向；反之，仅有观念性目标而无指标性目标，则难以对思想政治教育活动进行有效的评估。

第四节　高校思想政治教育工作的任务

高等教育中的思想政治教育构成了社会整体系统的一个重要部分，并在社会生活中扮演着特定的角色。这一角色具体表现为高校思想政治教育的使命。高校思想政治教育目标的实现以及其功能的展现，均依赖于该使命的圆满达成。①

一、高校思想政治教育根本任务的确立依据

高校在思想政治教育方面的核心职责，是其在社会主义现代化建设中肩负的关键使命，旨在实现思想政治教育的终极目标而必须执行的基础性工作。与思想政治教育的终极目标相契合，该核心职责在于运用马克思列宁主义、毛泽东思想、邓小平理论、"三个代表"重要思想、科学发展观以及习近平新时代中国特色社会主义思想，对广大人民群众进行教育，以培养和塑造具有理想、道德、文化、纪律的社会主义新公民。这一核心职责构成了高校思想政治教育活动的中心，所有相关活动都应围绕此核心职责展开。在任何情况下，都应坚定不移地将培育"四有"新人作为思想政治教育的核心职责。

第一，培育"四有"新人是人类社会发展进步的客观要求。依据马克思主义关于人的全面发展的理论，人的全面发展唯有在社会发展至特定历史时期，即在发达的大工业基础上，同时消除了剥削制度的条件下，方能成为现实。社会主义社会标志着人类社会发展的新文明阶段，它要求其成员具备较高的素质以适应这一新文明，而这种素质在当前主要体现为具有理想、道德、文化和纪律。同时，社会主义消除了剥削制度，社会化的生产方式已达到一定规模，从而为社会成员在思想道德和科学文化素质上的全面提升创造了条件。因此，在社会主义社会中，培养具有"四有"品质的新一代不仅是必需的，也是可行的。高等教育中的思想政治教育致力于培养"四有"新人，这既是社会主义文明建设的内在要求，也是为社会向更高文明阶段发展奠定基础，以满足社会持续进步的需求。

第二，培育"四有"新人是建设高度的社会主义精神文明的内在要求。在构建社会主义物质文明与政治文明的同时，致力于建设以马克思主义为指导的社会主义精神文明，构成了社会主义社会的关键特征。强化精神文明建设，构成了我国社会主义现代化总体布局的关键一环。将培养"四有"新人确立为高校思想政治教育的核心任务，不仅满足了构

①孙根．新时代高校学生思想政治教育工作思考[J]．佳木斯职业学院学报，2019（10）：18-19.

建高度社会主义精神文明的需求，也反映了高校思想政治教育的本质属性，把握了其核心要义。

第三，培育"四有"新人也是发展社会主义市场经济、建设和谐社会、实现社会主义现代化的内在要求和根本条件。在推进市场经济、构建和谐社会以及加速现代化进程的过程中，显然需要经济、政治、科技、资源、政策、法律等多方面的支撑。然而，最为关键的是培养一代新人。毕竟，人是社会活动的核心，亦是推动市场经济和构建社会主义和谐社会的主要力量。在社会主义现代化建设的征途中，人是不可或缺的基础要素。只有全面提升社会成员的思想道德素质和科学文化素质，激发人的积极性、主动性和创造性，才能确保经济、政治、资源、政策、科技、法律等条件得到最大化的利用，从而实现经济的高质量、快速且可持续发展，全面推动社会主义现代化进程。由此可见，人的因素在市场经济的发展以及整个社会现代化建设中占据着至关重要的地位。实践证明，若没有人的素质全面提升，没有培养出一代具备"四有"品质的新一代，市场经济的发展和现代化的各个方面都将面临重大障碍。只有培育出一代具备较高思想道德素质和科学文化素质的社会主义新人，才能确保社会主义市场经济的顺利推进，满足社会主义现代化建设的需求。

二、"四有"新人内在精神素质的培养

培育具备"四有"素质的新一代人才，不仅是高校思想政治教育的核心职责，从更广泛的社会视角来看，所有社会工作均与培育此类人才息息相关。培养一代有理想、有道德、有文化、有纪律的社会主义新人，需要社会各界的持续共同奋斗。尽管如此，鉴于培养"四有"新人是高校思想政治教育的核心使命，该领域的教育在塑造"四有"新人的精神素质方面扮演着至关重要的角色，并且构成了培育"四有"新人的基础路径。从高校思想政治教育的立场出发，培育"四有"新人的精神素质应当从以下几个方面着手：

（一）帮助学生树立崇高的理想信念

理想是与奋斗目标紧密相连、具备实现可能性的向往、追求和信念，是个人思想道德素质中至关重要的组成部分。高尚的理想能够引导人们

在人生的大舞台上选择符合时代需求的角色，进而实现有价值的人生，为人们树立前进的路标，激励人们奋勇前行。

　　社会始终处于现实状态与理想追求之间的紧张关系之中。若仅空谈理想，而忽视社会实际，理想便可能沦为不切实际的"乌托邦"，这显然不利于社会进步；然而，若完全无视理想对人心的激励作用，社会同样难以实现改善与发展。实际上，任何社会都是在理想与现实的平衡互动中逐步前行。对于我国当前的经济体制和社会现状而言，构建社会主义市场经济体制、打造和谐社会、实现社会主义现代化，这些目标本身就是我们追求的理想。唯有激发广大人民群众对建设中国特色社会主义的共同理想，并积极投身于现代化建设之中，我们才能达成这一宏伟目标。因此，在推进社会主义和谐社会建设、实现社会主义现代化的宏伟事业中，对人民群众进行理想教育是不可或缺的，而非可选的附加项。高校思想政治教育工作者必须对此有清晰的认识，并在任何情况下坚持进行社会主义、共产主义理想教育，以助力人们树立远大的理想。

（二）引导学生形成积极健康的精神状态

　　积极向上的精神风貌，构成了"四有"新人所必需的内在精神品质。个体若具备了这种良好的精神风貌，便能够勤奋学习，致力于工作，积极向上，不断自我发展和完善；同时，也能够勇敢面对困难，不惧挫折，坚定地朝着既定的理想目标迈进。因此，如何引导人们塑造积极的精神风貌，成为高校思想政治教育领域中一个至关重要的议题，其现实意义在当下尤为显著。

　　社会主义市场经济体制不仅推动了我国经济的迅猛发展，而且对社会生活及民众精神层面产生了多方面的正面效应。然而，市场经济同样可能引发一些负面效应，这些效应若不加以控制，可能会对人们的思想产生消极影响，进而导致更为严重的后果。这一现象表明，在市场经济条件下，协助人们培养积极健康的精神风貌，是高校思想政治教育亟待解决的重要任务之一。

（三）培养学生良好的道德品质

　　"有道德"是构建"四有"新人的基础性要求。促进人们形成优良的道德品质，对于社会成员的健康成长以及社会的稳定与进步具有至关重要的意义。在任何时期，培育与社会发展需求相契合的道德素养，始终是高校思想政治教育的核心任务。

（四）增强高校学生的法治观念

在当今社会，法治作为国家治理体系和治理能力现代化的重要依托，其重要性不言而喻。对于高校学生而言，增强法治观念不仅关乎个人的健康成长与全面发展，更是推动整个社会法治进程、实现中华民族伟大复兴中国梦的关键环节。

高校学生正处于世界观、人生观、价值观形成的关键时期，思维活跃但阅历尚浅，面对纷繁复杂的社会现象和多元的价值观念，容易受到不良思想的影响。增强法治观念，能够为他们提供明确的行为准则和价值指引，帮助其在面对各种诱惑和挑战时，做出正确的选择，避免误入歧途。一个具备法治观念的学生，懂得尊重他人权利，自觉遵守法律法规，能够更好地融入集体生活，处理人际关系，为未来步入社会奠定坚实的基础。

（五）促使学生养成重视教育的态度，提高文化知识素养

有文化，是对"四有"新人的一个基本要求。培育具备较高科学文化素养的社会成员，主要职责归属于各级各类教育机构，然而，高等教育阶段的思想政治教育在提升民众文化知识素养方面承担着不可或缺的责任和关键作用。其中一个关键方面在于引导人们形成对教育的重视，进而持续增进自身的文化知识水平。随着社会经济的持续发展和文明程度的不断提升，社会上重视教育的人数日益增多。

第三章 高校思想政治教育工作面临的机遇和挑战

第一节 高校思想政治教育工作面临的机遇

高等教育中的思想政治教育是中国共产党思想政治工作体系的关键环节。习近平总书记在 2017 年全国高校思想政治工作会议上明确指出："高校思想政治工作直接关联到高校培养目标的设定、培养方式的选择以及培养对象的定位等核心问题。"面对全球化、市场化以及新科技革命带来的新形势，高校思想政治教育面临着前所未有的发展机遇。因此，如何有效利用这些机遇，已成为当前亟待深思熟虑的重要议题。①

一、贯彻习近平新时代中国特色社会主义思想

"中国特色社会主义迈入新时代"，这一重大论断是党的十九大对中国社会发展阶段作出的精准定位。自党的十八大以来，以习近平同志为核心的党中央准确洞察国际与国内的发展趋势，顺应实践需求和人民的期望，全面掌控全局、精心策划，统筹伟大斗争、伟大工程、伟大事业、伟大梦想，全面推进"五位一体"总体布局，协调推进"四个全面"战略布局。党中央以非凡的政治勇气和强烈的责任感，提出了一系列新理念、新思想、新战略，制定了一系列重大方针政策，实施了一系列重大举措，推进了一系列重大工作，解决了许多长期悬而未决的难题，实现了许多过去渴望实现而未能实现的重大成就，推动了党和国家事业发生了具有历史意义的变革。

第一，发展理念和发展方式发生历史性变革。面对全球经济持续不

①代贝贝. 浅谈高校思想政治教育工作面临的挑战及策略[J]. 读与写(教育教学刊), 2019, 16(06):26.

振以及国内经济发展中存在的不平衡、不协调、不可持续等问题，党中央作出了我国经济发展进入新常态的重要判断，并提出了创新、协调、绿色、开放、共享的新发展理念。同时，加快完善市场在资源配置中起决定性作用和政府作用的体制机制，坚定不移地推进供给侧结构性改革。近年来，我国连续推出京津冀协同发展、长江经济带发展、创新驱动发展等重大战略，加速推进经济结构的调整和新旧动能的转换。在这样的背景下，我国经济保持了中高速增长，全面建设小康社会取得了重大进展。民生和社会建设持续深化，公共服务水平全面提升，人民生活持续改善，城乡居民收入增长速度超过了经济增速，脱贫攻坚战取得了显著成效。

第二，体制机制发生历史性变革。党中央作出全面深化改革的重大战略决策和部署，成立中央全面深化改革委员会，强化党对全国改革的顶层设计和集中统一领导，着力提升改革的系统性、整体性和协同性，不断推进改革的广度和深度。在重要领域和关键环节的改革中取得显著进展，主要领域的改革主体框架已基本建立。司法体制、户籍制度、考试招生制度、公立医院、生态环保等涉及民生的改革措施相继实施，有效地改善了阻碍社会创造力和发展活力的体制机制问题，增强了人民群众的获得感，全面深化改革已成为当前中国最显著的特征。

第三，全面依法治国发生历史性变革。党中央审慎作出全面推进依法治国的战略决策，全面加强科学立法、严格执法、公正司法、全民守法等关键环节的建设，同步推进法治国家、法治政府、法治社会的构建，实施国家监察体制改革的试点工作，全面深化行政体制改革、司法体制改革、权力运行制约和监督体系的建设，致力于构建中国特色社会主义法治体系。此举显著提升了国家机构依法履职的能力，增强了各级领导干部运用法治思维和法治方法解决问题、推动发展的能力，提升了全社会的法治意识，促进了社会公平正义，保障了人民群众的合法权益，显著提升了我们党运用法律手段领导和治理国家的能力。

第四，国防和军队现代化发生历史性变革。在古田举行全军政治工作会议，针对新形势下政治建军进行了战略部署。坚定推进改革以强化军队，全面深化国防和军队改革，确立了军委统筹、战区主导作战、军种主导建设的新格局，实现了人民军队的组织架构和力量体系的革命性重塑。坚持将战斗力作为根本标准，推动科技兴军，强化实战训练和备战，重视军民融合的发展。坚持依法治军、严格治军，推动治军方式的根本性转变。加强党对人民军队的绝对领导，国防和军队改革实现了历史性的突破，实现了人民军队政治生态、组织形态、力量体系、作风形象的重塑，显著提升了国防实力和军队现代化水平。

第五，推进中国特色大国外交发生历史性变革。党中央审慎地对我国外交战略进行了全面规划，坚持统筹兼顾国内外两个大局，推动全方位外交工作，提出构建人类命运共同体的理念，坚持正确的义利观，明确阐述了我国的发展观、合作观、安全观、全球治理观以及经济全球化观等核心理念。同时，倡议并推动建立全球性的伙伴关系网络，积极参与并引领全球治理的改革进程，对外工作实现了诸多新的突破，形成了全方位、多层次、立体化的外交布局。这极大地提升了我国在国际上的影响力、感召力和塑造力，推动了新型国际关系的构建，为我国发展营造了和平的国际环境和良好的周边环境，增强了我国在全球治理中的参与能力和水平，为我国在国际舞台上赢得了战略主动。

中国共产党第十九次全国代表大会在新的历史条件下，郑重提出了以习近平新时代中国特色社会主义思想为指导，全面加强党的建设的历史性任务。基于此，将习近平新时代中国特色社会主义思想普及至大学生群体，成为了一个顺应时代发展的新课题。青年大学生作为时代的先锋，对时代变化最为敏感。在新时代的背景下，青年肩负起新时代赋予的使命。将习近平新时代中国特色社会主义思想普及至大学生，不仅是新时代发展的必然要求，也是高校思想政治教育工作者肩负的历史责任和使命。实现中华民族伟大复兴的中国梦，关键在于人才的培养，即培养能够担当中国特色社会主义事业建设者和接班人的青年才俊。将习近平新时代中国特色社会主义思想普及至大学生，是培养这一代建设者和接班人的基础性工程。我们必须将这一普及工作提升至培养"有理想、有本领、有担当"的中国特色社会主义事业建设者和接班人，以及培养实现中华民族伟大复兴中国梦的新生力量的高度去认识，这体现了将习近平新时代中国特色社会主义思想普及至大学生的政治立场和要求。

二、全球化带来的机遇

随着中国特色社会主义市场经济改革与发展的不断深化，中国社会的变革速度加快，竞争、平等、自由以及民主等观念进一步得到普及。以互联网和移动技术为先导的新科技革命迅猛发展，互联网的广泛使用为人们提供了自由获取信息和交流的便利。这些变化为高校思想政治教育构建了新的环境，创造了新的条件，并提供了新的机遇。在全球化进程中，资本、技术、人才等资源的全球流动促进了经济、政治、文化的深入交流。大学生通过各种形式和途径参与全球化，对世界其他国家的发展现状有了更直观的了解，从而拓宽了他们的国际视野。国与国之间的经济、文化、科技交流与学习，为大学生提供了机会和条件，使他们能够比较中西发展道路、理论、制度、文化，了解各自的优势与不足，这有利于增强大学生对中国特色社会主义的道路自信、理论自信、制度自信和文化自信。

(一)全球化有利于增强中国特色社会主义道路自信

当前，中国综合国力大幅度提升，对比西方国家近年来的发展状况，经济发展与社会治理所面临的各种困境，反观中国经济快速发展所取得的成果，得以增强大学生对中国特色社会主义道路的自信。可以肯定的是，中国走出了一条与西方模式迥异且更为成功的现代化发展路径，并取得了显著的成就。这一路径的成功，开启了多元化发展道路的新纪元，是对人类社会发展规律的创新探索，为全球尤其是众多发展中国家提供了一种可供参考的发展模式。历史与实践已经证明，中国特色社会主义道路与中国的国情相契合，引领中国人民走向繁荣昌盛，提升人民的福祉，并为解决人类共同面临的难题贡献了"中国方案"。毫无疑问，中国的崛起进一步坚定了大学生对中国特色社会主义道路正确性的信念。

(二)全球化有利于增强中国特色社会主义理论自信

经济全球化促进了现代化的中西方理论得以充分比较，从而揭示了各自的优劣。特别是自党的十八大以来，习近平总书记立足于时代发展的前沿和战略全局，就改革发展稳定、内政外交国防、治党治国治军等领域发表了一系列重要讲话，提出了一系列治国理政的新理念、新思想、新战略。这些讲话深刻解答了党和国家发展过程中遇到的重大理论和实践问题，为理论自信注入了新的力量。这些成就坚定了大学生对中国特色社会主义理论的信念。

（三）全球化有利于增强中国特色社会主义制度自信

不同国家之间的交流为大学生提供了开展制度比较研究的良机。通过对比各国的社会制度，他们得以认识到中国特色社会主义制度是历史和人民的选择，它凝聚了中国共产党领导中国革命、建设和改革的智慧与经验，体现了立足国情、继承传统、人民至上的原则，以及包容互鉴、求同存异的最新成就。全球化为学生提供了便利条件，使他们能够进行比较研究，从而发现并认识到中国特色社会主义制度的科学性、优越性和先进性。

（四）全球化有利于增强中国特色社会主义文化自信

全球化进程极大地促进了我国文化的繁荣与进步，为人民群众的文化生活增添了丰富多彩的内容，并加速了我国文化的国际传播。通过深入学习与比较，我们能够深刻理解到中国特色社会主义文化不仅承继了中华优秀传统文化的核心价值，还吸纳了西方文化的先进元素，同时继承并发扬了中国共产党领导下的革命文化和社会主义先进文化。全球化为我国文化的国际传播提供了有利条件和广阔平台，显著提升了我国文化的国际影响力，并彰显了我国文化的独特价值。随着全球化的不断推进，文化多样性得到了深入发展，我国大学生对中华文化在世界范围内的影响力有了更加深刻的认识，这进一步增强了他们对中国特色社会主义文化的自信。

三、市场经济带来的机遇

随着社会主义市场经济的持续改革与进步，公平竞争、自由平等以及民主法制等观念在大学生群体中得到了进一步的普及和深化。社会主义市场经济的发展显著提升了受教育者的主体地位，这些观念和意识逐渐改变了教育者与受教育者之间传统的角色定位，增强了师生之间的互动性。大学生在分析和解决问题方面的能力得到了显著提升，他们获得了更多将理论知识与实践相结合的机会。教育者与受教育者之间的共同参与度也有所提高，这有利于更有效地开展思想政治教育工作。

（一）社会主义市场经济有利于增强师生之间的互动

在社会市场经济地位尚未确立之前，特别是在计划经济时期，思想政治教育的方法相对单一，受教育者往往处于被动接受的状态。随着市场经济的深入发展，平等、自主、参与和竞争等观念逐渐深入人心，大学生的主体意识显著提升。在学习过程中，他们更倾向于展现个人地位，期望与教师进行更多的互动，并乐于在课堂上表达自己的观点。在教学活动中，学生的参与度、积极性和需求性均有所提高，使得思想政治教育的第一课堂和第二课堂变得更加生动活跃，从而增强了思想政治教育的实效性。

（二）社会主义市场经济为大学生提供理论与实践相结合的机会

随着市场经济的持续发展，经济的繁荣为大学生提供了更多参与市场经济实践的机会。在这一过程中，他们能够接触到丰富的学习素材、资料和案例。学生将课堂理论与社会实践相结合，两者之间相互作用、相互影响。在课堂学习中，学生得以思考社会中的各种现象和问题；在社会生活中，他们亦有更多机会将所学知识应用于现象分析和问题解决。

（三）社会主义市场经济为思想政治教育提供了物质基础

思想政治教育活动作为教育体系中的重要组成部分，其存续与发展依赖于坚实的物质基础。随着经济的持续增长和生活水平的提升，大学生群体展现出更强的学习动力和参与思想政治教育活动的积极性，对国家制度和党的政策的认同感亦随之增强，从而促进了思想政治教育效果的提升。相反，若经济发展陷入停滞，生活保障水平下降，学生参与思想政治教育活动的积极性和信心便会减弱，进而影响思想政治教育活动的成效。社会主义市场经济的蓬勃发展极大地丰富了社会的物质和精神财富，增强了大学生对生活的信心以及对共产主义美好未来的憧憬。社会主义市场经济的进一步发展为思想政治教育提供了坚实的物质基础，并且其创新驱动等要素为思想政治教育活动注入了新的活力。

四、科技革命带来的机遇

随着科技的迅猛发展，新科技革命以信息技术的广泛运用为特征，数字化、网络化、信息化已成为社会经济发展的主要趋势。2024年8月29日，中国互联网络信息中心（CNNIC）在2024中国国际大数据产业博览会"智能经济创新发展"交流活动上发布第54次《中国互联网络发展状况统计报告》。《报告》显示，截至2024年6月，我国网民规模近11亿人（10.9967亿人），较2023年12月增长742万人，互联网普及率达78.0%。其中，我国手机网民规模达10.96亿人，网民使用手机上网的比例为99.7%；使用台式电脑、笔记本电脑、电视和平板电脑上网的比例分别为34.2%、32.4%、25.2%和30.5%；使用智能网联汽车、智能家居设备和个人可穿戴设备上网的比例分别为10.4%、21.9%和24.2%。这些数据从多个角度反映了我国互联网发展的新成就、新动向和新趋势。

新时代的科技革命极大地促进了信息获取、教育接受以及文化传播的便捷性。大学生群体通过互联网平台了解并参与政治活动，而思想政治教育的从业者则利用科技工具来推进其工作。这一科技革命为思想政治教育领域带来了前所未有的发展优势与机遇，实现了在空间和载体上的拓展，对思想政治教育产生了深远的影响。

科技成就的广泛应用为思想政治教育的教学方法带来了创新。作为一项实践活动，思想政治教育与社会上其他实践活动一样，随着工具的创新和方法的更新，获得了更为便捷的途径，进而增强了其时效性和实效性。借助于新技术成果，各类教学资料如文字、图片、音频和视频得以生动直观地呈现给学生，使得在有限的课堂时间内传递了最大量的教学信息。这些科技手段在思想政治教育中的应用，因其生动性和直观性，深受学生欢迎，从而提升了高校思想政治教育的时效性、针对性和灵活性。同时，这些创新手段与当前高校思想政治教育发展的新趋势和新环境相契合，促进了教育方式的革新。

互联网技术的创新与进步极大地丰富了高校思想政治教育的新平台。互联网新兴科技的不断演进及其应用，为大学生的政治参与提供了新的平台，拓展了沟通的途径。随着无线通信技术、数字电视以及移动互联网等信息技术的蓬勃发展，国家政治生活和社会生活的透明度得到了显著提升，公众得以借助大众传播媒介更有效地对政府进行监督，表达自身诉求，并对政府决策过程产生影响。

科技的进步显著提升了物质生活水平，改变了劳动方式，进而普遍提升了公民的科学文化素养和政治参与能力，同时为人们参与政治生活提供了充裕的时间。互联网技术的迅猛发展催生了众多网络交流平台，如网络论坛、贴吧、QQ群、微博、微信、应用程序以及可留言的新闻面板等，这些已成为当前大学生网络活动的主要场所。在这些平台上，我们可以观察到大学生们积极表达自己的政治观点，文章中不乏社会评论、政治见解、经济分析以及热点问题的探讨。这些现象表明，大学生们拥有了更多机会去了解和接触不同的政治知识与观点、各种新旧思想观念以及多角度的分析和评论。互联网不仅为信息的传播和下载提供了平台，还为用户提供了发表个人政治见解和对事件看法的渠道。

科技生活方式的演进为高校思想政治教育开辟了新的领域。互联网科技催生了一种全新的大学生学习与生活方式，转变了他们之间的沟通方式与互动模式。它使得每个个体都能与其他个体建立联系，通过交流与合作，个体的力量得以增强。在互联网时代，社会宛如一张无形的网络，将每个个体、组织、集团都囊括其中，并能保持其有序、高效、低成本的运作。互联网时代的特性可归纳为跨界性、高效性、创新性、信息共享性。随着互联网的不断扩展，思想政治教育的活动范围深入至社会的各个层面，影响着社会的各个阶层。互联网所及之处，思想政治教育活动的影响力亦随之扩散。

第二节　高校思想政治教育工作面临的挑战

高校在思想政治教育方面所面临的挑战，对大学生的思想政治素质培养构成了限制。深刻理解这些挑战，对于强化高校思想政治教育至关重要。全球化、市场经济的发展以及新科技革命，虽然为思想政治教育带来了机遇，但同时也提出了诸多挑战。全球化进程影响了大学生对中国特色社会主义道路、理论体系、制度以及文化的认同感。在中国经济社会转型期间出现的负面因素对思想政治教育产生了不利影响。此外，互联网的广泛使用，作为新科技革命的标志，也增加了思想政治教育引导和疏导的难度。①

一、全球化背景下高校思想政治教育的新挑战

在推进对外开放和融入全球化进程之际，西方社会思潮、意识形态以及不当的价值观念涌入我国，不可避免地与中国特色社会主义主流文化产生冲突。这种文化碰撞对大学生的思想政治教育带来了新的挑战，主要体现在全球化对高校师生在认同中国特色社会主义道路、理论体系、制度和文化方面所构成的挑战。

（一）对社会主义道路认同的挑战

当前的大学生群体成长于东欧剧变之后的时期，全球化进程为西方敌对势力实施遏制、西化、分化以及和平演变策略提供了便利条件，这在一定程度上削弱了大学生对中国特色社会主义道路的认同感。同时，西方发达国家将传统制造业和低端产业链转移到海外的发展中国家，这对我国的经济转型和生态文明建设构成了挑战，进而影响了大学生对中国特色社会主义道路的认同。

（二）对社会主义理论认同的挑战

在探讨中国改革与发展的路径时，政治经济理论的主张不断引发讨论与辩论。在众多具有影响力的思潮中，既有传统观念，也有新兴理念，这些思潮通过互联网、书籍等多种媒介传播，对大学生的主流意识形态认知和理解造成了干扰。全球化浪潮携带着多元的社会思潮冲击着中国的主流意识形态，影响了大学生对中国特色社会主义理论的认同感。

（三）对社会主义制度认同的挑战

在当前国际形势下，世界环境呈现出复杂且多变的特点。西方国家正致力于和平演变的策略，并通过多种途径推广其议会民主、多党制以及三权分立的政治体制，此举在一定程度上影响了大学生对中国特色社会主义制度的认同感。

（四）对社会主义文化认同的挑战

随着资本主义企业文化和商品文化的引入，国内的消费观念和文化

①刘纯涛.高校学生思想政治教育工作面临的挑战及改进措施[J].才智,2018(34):181.

观念受到了显著影响。依托于其强大的经济实力，西方文化对一些人产生了影响，导致他们出现了一定程度的文化自卑感，这在一定程度上削弱了对中国特色社会主义文化的自信。

二、经济社会转型带来的不同问题

(一)负面影响

随着社会环境的不断变迁，大学生个体特征的复杂性日益增加，民生问题的多样性为思想政治教育带来了诸多挑战。多元价值观的兴起对社会主义核心价值观构成了挑战，对思想政治教育产生了负面影响。

社会环境的快速变迁和持续转型已成为社会发展的常态，这导致社会环境、校园环境、家庭环境出现了新的变化，进而增加了大学生个体特征的复杂性，使得高校思想政治教育面临更大的难度和挑战。当前大学生所处的社会环境与以往相比发生了显著变化，社会性因素导致大学生的价值取向出现变化和偏移。在社会转型的过程中，环境的不断变化和变迁产生了诸多消极因素，这些因素不断影响和感染着大学生。受社会环境变迁的影响，在大学校园内，来自不同经济收入和职业背景家庭的学生，受到各自家庭和社会环境的影响，形成了不同的价值观念和行为习惯。他们的经济收入、消费能力、知识积累以及家庭生活方式等方面存在显著差异，导致学生之间存在一定的隔阂和价值观念上的冲突，进而出现了大学生价值追求多样化的现象。

(二)各类难题

随着社会主义市场经济体制的深化改革，所有制结构与分配方式经历了根本性的转变。受区域与政策因素的影响，居民收入差距逐渐扩大并呈现出分化趋势，收入分配不均的问题日益凸显，由此引发了一系列民生和社会问题。民生问题不仅涉及经济和社会领域，更触及政治层面。在国家经济社会转型的关键时期，民生问题成为国家和政府必须正视的核心议题。民生问题的妥善解决，直接反映了我国政府的政治意志和决心。民生问题的解决，对于实现全面建成小康社会的目标至关重要，同时也体现了党和政府贯彻以人民为中心的发展思想和治国理政的方针。当前，突出的民生问题对思想政治教育构成了挑战，包括财富分配不均、利益格局的调整、社会结构的分化以及社会矛盾的加剧等，这些关乎民众基本生存的民生问题亟须逐步解决。

（三）多元化价值观

随着我国社会主义市场经济的持续发展，资产阶级的自由主义、个人主义、享乐主义、利己主义、民主主义等价值观不断对社会主义核心价值观构成冲击和挑战，对社会发展产生了不利影响。

三、新科技革命带来的挑战

在促进社会经济发展的过程中，新兴科技革命亦为高校思想政治教育的发展带来了新的挑战。在当前科技革命的浪潮中，互联网的影响力深远且不可阻挡，它引发了数据革命，而这场数据革命对人类社会的影响将是根本性的、剧烈的，并且变化迅速，机遇丰富，同时风险也相应增加。信息化和网络化的进程加剧了思想政治教育引导与疏导的难度，并对大学生辨别信息的能力提出了挑战。

（一）信息化、网络化加大思想政治教育难度

随着移动互联网及其他新媒体技术的迅猛发展，信息的获取与传播变得极为便捷。大学生们可以随时随地通过互联网浏览新闻和发表评论。然而，信息的泛滥和网络环境的复杂性也导致了各种信息混杂，其中不乏反映资本主义价值观或意识形态的内容。面对这些信息，大学生们往往难以辨别其真伪。

（二）挑战大学生甄别信息的能力

互联网为信息的发布与共享提供了便捷的途径，成为人们获取各类信息的重要工具。特别是近年来，移动终端设备的迅猛发展推动了移动互联网的飞速进步。大学生们通过手机畅游移动互联网，获取各类信息。然而，由于他们正处于理论知识学习的阶段，其知识体系和思维方式仍在积累过程中，对社会的认知和理解尚浅，尚未构建起一套成熟的知识体系和思维模式。因此，他们往往缺乏对事件和问题进行科学分析和辩证思考的能力，在面对日益复杂化的网络内容时，难以完全辨别和剔除负面信息，从而不可避免地受到互联网的负面影响。

四、高校思想政治教育中存在的问题

在高校的思想政治教育领域，所面临的客观条件持续发生着变化，外部环境的冲击力度日益增强，转型过程中遭遇的客观不利因素亦有所增多。同时，从高校思想政治教育工作的内部视角审视，亦存在诸多挑战。

(一)思想政治教育工作存在的问题

思想政治工作不仅体现在教学活动中，还涵盖党建、团务以及学生事务等各个方面。在高校中，党建工作常面临基层组织力量薄弱的问题；在对党员、团员及学生进行考核时，往往发现思想道德建设的评价标准和量化方法存在不足；队伍的思想状态不够稳固，基层党组织的活动形式单一；部分高校在思想政治教育的理论研究与实践活动中投入不足，导致教学管理与学生事务中思想政治教育的融合程度不够。在学校的层面上，对于全校大学生思想政治教育的理论研究工作，缺乏有效的引导和激励措施。

(二)思想政治理论课教学方法需要创新

我国的思想政治教育传统教学法，在过往的漫长时期内发挥了显著作用，特别是在早期阶段。然而，随着改革开放和市场经济的推进，大学生的个体特性经历了显著变化，传统教学法逐渐显现出局限性。若无法对教学方法进行有效创新，思想政治教育的成效将受到严重影响。在社会发展的过程中，中国面临越来越多的矛盾和新问题。如何为这些现象提供合理的解释，并提出令人信服的解答，已成为思想政治理论课教师亟待解决的重要课题。

(三)辅导员履行思想政治工作的能力有待提高

在高校思想政治教育领域，辅导员扮演着至关重要的角色。然而，由于日常工作的繁重，他们在履行思想政治教育职责方面的能力受到了限制。高校辅导员直接参与学生的日常管理，承担着学业指导、职业规划以及心理辅导等多重角色。目前，辅导员在学生思想建设和政治素养培养方面的工作尚显不足。他们的业务范围广泛，包括招生、就业指导、资助管理、党建工作、评奖评优以及学科竞赛等，几乎涵盖了学生生活

的各个方面。辅导员需要处理的事务繁多，这导致了他们在系统性思考、理论总结以及专业培训方面存在不足，缺乏对经验的归纳和科研成果的提炼，从而使得思想政治教育工作的创新进展缓慢。

（四）非思想政治理论课教师协同不足

习近平强调，为确保高校中思想政治教育的有效实施，必须充分利用课堂教学这一核心途径。思想政治理论课程应不断改进，以增强其吸引力和针对性，从而满足学生的成长需求和期待。同时，其他各类课程亦应各自承担起责任，确保与思想政治理论课程保持一致的方向和协同作用。当前，尽管高校中的非思想政治理论课程教师在传授专业知识方面表现出色，但在德育功能的发挥上尚有不足，这主要表现在教师与学生课后交流的缺乏，使得成为学生的良师相对容易，而成为益友则较为困难。高等教育教师肩负着传授知识与培养品德的双重责任。习近平总书记在《做党和人民满意的好老师——同北京师范大学师生代表座谈时的讲话》中明确指出，优秀教师应具备坚定的理想信念、高尚的道德情操、扎实的专业知识以及深厚的仁爱之心，这"四个必须"深刻揭示了优秀教师所共有的、不可或缺的品质。实际上，专业课教师往往忙于科研和备课工作，导致与学生面对面的交流机会减少，尤其是关于生活和情感方面的深入交流更是稀缺。因此，专业课教师难以充分了解学生的思想动态，从而影响了教书育人的德育功能的有效发挥。

第四章　高校思想政治教育工作的队伍建设

高校中的思想政治教育队伍，作为教育活动的组织者、策划者、执行者及调节者，占据着教育过程中的核心地位，并发挥着关键作用。确立思想政治教育的新理念以及更新教育活动，均需依赖于思想政治教育工作者的实践。教育工作者的专业素养越高，其全面性越强，就越能精准地理解和体现社会的需求，在教育实践中最大限度地实现思想政治教育的目标。

第一节　高校思想政治教育工作队伍的构成

高校中的思想政治教育工作，乃各高等学府不可或缺的组成部分。因此，各大学均设有一定数量的专职或兼职人员，致力于此项工作。与专业教师群体相同，他们亦肩负着至关重要的职责。这些教育工作者承担着塑造大学生在政治、法律及思想道德方面合格素质的重任，是确保大学生全面健康成长的关键支撑力量。[①]

一、高校思想政治教育工作队伍的内涵

（一）基本含义

高校思想政治教育队伍构成了实现高校思想政治教育任务的组织保障。南京师范大学马克思主义研究院院长王小锡在其著作《高校思想政治工作概论》中，将高校思想政治教育队伍的管理界定为"选拔、培养、使用和考核高校思想政治教育者的过程"。然而，这一定义仅从管理者的视角出发，即仅从高校思想政治教育工作的执行者角度考虑，未能充分

[①]李红冠,翟尧,孙智宏.高校思想政治教育[M].石家庄:河北人民出版社,2015.

顾及思想政治教育的对象，亦即广大在校大学生的主观能动性。同时，该定义亦未充分考虑到大学生自我教育对高校思想政治教育队伍所提出的更深层次和更高标准的要求。

高校中的思想政治教育活动可以从广义和狭义两个维度进行阐释。从广义层面审视，该活动涵盖了高校内所有思想政治教育实践，其受众群体不仅包括全体大学生，也包括所有高校的教职员工。其核心目的在于确保高校全体成员在政治法律素养和思想道德素质方面与社会主义核心价值观及社会主义核心价值体系保持一致。从狭义视角出发，该活动特指由高校教师主导，以大学生为主要教育对象，旨在培养大学生形成正确的世界观、人生观和价值观的教育实践。在狭义定义下，高校思想政治教育与广义的大学生德育概念具有内在的一致性。

概括而言，高校中的思想政治教育队伍包括所有参与大学生德育工作的人员，形成一个有机整体。该队伍由专职或兼职人员构成，他们依据相关规章制度，共同肩负着培养学生政治法律意识和思想道德素质的使命。队伍成员受到共同目标和行为准则的规范，通过彼此间的沟通与协作，依照一定的组织架构执行各自的职责。

从其构成的具体情况来看，可以从广义和狭义两个维度进行界定。就高等教育的根本宗旨而言，高校的工作理念是全心全意为了学生，即全面育人。因此，从这个角度来说，高校所有教职员工都有责任促进学生的全面发展，包括专业成长以及良好的政治法律和思想道德素质的塑造，即所有工作人员都承担着高校思想政治教育的职责，均属于思想政治教育者，共同协作，构成高校思想政治教育队伍。这便是广义上的高校思想政治教育队伍。从另一个视角来看，由于工作性质的差异，同一所高校内不同部门的教师承担着不同的具体职责，有的主要负责后勤工作，有的负责教务管理，有的负责行政事务，有的负责学生团体活动，有的直接负责学生日常行为的养成、政治法律和思想道德素质的提升，有的主要负责专业课程教学，有的则专门从事思想政治理论课程的教学，也有的教师身兼数职。因此，根据其具体工作内容，学术界通常将直接从事大学生政治法律和思想道德素质培养以及日常行为规范养成的教师和管理者定义为高校思想政治教育工作者。由这部分教师和管理者组成的，既有明确分工又相互协作的队伍，被界定为高校思想政治教育队伍。这便是狭义上的思想政治教育队伍。目前党和政府发布的关于高校思想政治教育工作的政策和法规，也是从狭义的角度使用高校思想政治教育队伍这一概念的。

（二）特点

依据中共中央、国务院于2004年颁布的《关于进一步加强和改进大学生思想政治教育的意见》，以及各高等院校的实际情况，高校思想政治教育队伍的构成特征可概括如下：部分人员专注于宏观管理层面，另一部分则直接承担思想政治理论的教学任务，还有部分人员则负责大学生班级或年级的日常学习与生活管理。在这些人员中，既有专职从事思想政治教育工作的，也有在履行本职工作之外，经过管理部门选拔并得到本人同意后，兼职参与高校思想政治教育的。专职人员主要包括高校党政干部、共青团干部、思想政治理论课和哲学社会科学课教师，以及部分专职辅导员。兼职人员则分为三类：一是具有高校正式编制的教职工，他们在完成本职教学、科研或管理工作后，通过法定程序受聘为兼职辅导员、班主任或本科导师；二是本校在读研究生被聘为学生班主任；三是鉴于当前许多高校专职辅导员的配备比例尚未达到标准，无法满足高校思想政治教育的实际需求，一些学校，特别是高职院校和独立学院，不同程度地聘用了外部人员。

高校思想政治教育队伍作为一个特殊的群体，其特点主要体现在以下四个方面：

1. 阶级性

阶级性指的是高校中思想政治教育队伍所体现的阶级特征。高等教育中的思想政治教育，作为人类社会进入阶级分化后形成的一种社会实践，普遍存在于所有阶级社会及其各个发展阶段。在阶级社会中，为了维护和巩固自身的统治地位，统治阶级通常会通过多种渠道和方法，将其思想观念、政治立场和道德规范灌输给民众，以此影响民众的思想并指导其行为。尽管不同统治阶级的高校思想政治教育在称谓、性质和内容上可能存在差异，但在培养和塑造符合统治阶级需求的人才方面，它们具有共同的目标。我党的高校思想政治教育同样具有鲜明的阶级性，它明确地宣称并始终致力于维护我国最广大人民群众的根本利益，满足他们的需求，并接受他们的监督。作为党的高校思想政治教育的具体执行者——高校思想政治教育队伍，是党、国家和人民利益的忠实代表，自身带有显著的阶级属性。在高校思想政治教育的实践中，该队伍首先接受教育，掌握党和人民对思想政治品德的要求，随后根据教育对象思想品德形成和发展的规律，对他们施加有目的、有计划、有组织的教育影响，激发教育对象内在的思想矛盾运动，以培养出符合党和人民期望的思想政治品德。

2. 系统性

系统性特征体现在高校思想政治教育队伍由多种要素构成的体系之中，各要素间彼此制约、促进并协同作用，形成一个有机整体。在提升和优化高校思想政治教育队伍的系统性时，必须持续关注并妥善处理队伍素质系统内外的相互关系，实施全面规划，确保各项工作的协调推进。

3. 层次性

层次性是指高校中思想政治教育队伍所具有的等级差异特征。该队伍由具有不同背景的个体组成。由于每个人的经历、生活环境以及所接受的教育各不相同，因此在个体之间存在差异；同时，高校中思想政治教育工作者的职位和专业领域也存在差异，这些因素共同导致了思想政治教育队伍的层次性。根据不同的分类标准，高校中思想政治教育队伍可以被划分为不同的层次。例如，从年龄维度来看，队伍可以分为老年、中年、青年等不同层次；从文化程度来看，可以划分为博士、硕士、本科、大专等不同层次；从素质角度来划分，则可以分为高、中、低等不同层次。高校中思想政治教育队伍的层次性特征要求我们在构建该队伍时，必须针对不同对象制定相应的规划，提出不同层次的要求，并采取不同的方法，有针对性地提升各个层次思想政治教育工作者的素质。

4. 动态性

动态性意指高校中思想政治教育队伍所具备的持续变化特性。其动态性主要体现在两个方面：其一，队伍成员构成的不断变动；其二，队伍整体素质的持续演进。高校中思想政治教育队伍的发展，是一个逐步提升、持续进步的历史进程，各个历史时期均呈现出不同的实现方式和具体内涵。因此，高校中思想政治教育队伍的动态性要求我们在构建该队伍时，必须紧跟时代的步伐，不断更新和丰富思想政治教育队伍建设的内容。

二、高校思想政治教育工作的队伍结构

根据教育部发布的《关于进一步加强高等学校学生思想政治工作队伍建设的若干意见》，高等学校学生思想政治工作队伍由专职和兼职人员组成，他们承担着组织和指导学生思想政治工作的职责，是高校教师和管理队伍的关键成员。专职人员特指那些专门负责学生思想政治教育工作的学校职员，包括但不限于负责学生思想政治教育的党委副书记、学生工作部处的相关工作人员、院系党总支副书记、团总支书记以及学生政治辅导员等。至于兼职人员，其定义有狭义和广义之分。狭义上的兼职人员特指那些从教师队伍中选拔出来的班主任，他们在承担教学和科研任务的同时，也参与学生思想政治工作。而广义上的兼职人员则涵盖了所有参与学生思想政治教育的相关人员，其不仅包括狭义上的兼职人员，还包括党、团、工会组织的工作人员，教学、管理、服务部门的工作人员，图书馆、实验室工作人员，学生社团组织的工作人员，实习单位和社会实践活动单位的工作人员，以及学生家长等。

（一）高校思想政治教育队伍的人员结构

人员构成包括专职与兼职两类。在人员结构上，应强调专职与兼职的结合，确保功能互补，政治立场坚定，品德高尚，业务能力精湛，作风端正。

专职人员构成核心与骨干，他们在教育活动中发挥主导作用。因此，选拔与配备专职人员是加强思想政治教育队伍的关键。他们致力于思想政治教育的科学研究与教育活动的组织实施，具备深厚的马克思主义理论修养和奉献精神，业务水平高，熟悉思想政治教育专业知识及相关学科知识，具备强大的思想政治工作能力。这部分人员是思想政治教育队伍的中坚力量，对整个队伍的功能强弱具有决定性影响。

兼职人员则是在承担其他业务工作的同时，也参与思想政治教育任务的人员。尽管他们并非全身心投入思想政治教育，但他们在队伍中扮

演着重要角色。鉴于思想政治教育与业务工作紧密相连，应从其他业务人员中选拔适合从事思想政治教育的兼职人员。这些人员的加入，不仅有利于调动更多人关心和参与群众性思想政治教育活动，而且有助于思想政治教育与业务工作的结合。长期实践证明，兼职人员具有独特作用，在许多方面能发挥专职人员所不能替代的作用。因此，应重视从其他工作人员中选拔人才，充实思想政治教育队伍。思想政治教育队伍中的兼职人员，除了本单位、本部门的业务人员外，还应包括来自社会各领域、各部门的教育支持力量，特别是新闻出版、影视部门的工作人员，他们利用大众传播媒介开展宣传思想教育活动，是具有广泛传播面和深远影响的教育资源。社区的优秀退休人员也是理想的兼职教育者。此外，各地的爱国主义教育基地、革命历史纪念馆等亦可发挥教育者的作用。思想政治教育队伍的全员化，意味着每个人既是教育者也是受教育者，思想政治教育需要大家共同参与，全社会都应关注思想政治教育工作。

从狭义的角度来看，高校思想政治教育队伍可分为领导队伍、教师队伍和辅导员队伍。

高校思想政治教育的领导队伍主要由主管思想政治教育工作的书记、党政工团部门领导、党委宣传部领导、学工部领导等组成。领导队伍既承担管理职能，也承担教育职能。在管理职能方面，领导队伍负责制定高校思想政治工作的方针、制度等体系性工作，为具体的思想政治教育工作提供组织和制度支持；在教育职能方面，领导队伍作为高校思想政治工作的风向标，其行为举止和处事方式对全校师生具有示范作用，对高校思想政治教育具有深远意义。因此，为了取得良好的教育效果，必须加强领导队伍建设，领导队伍的管理理念、自身素质和工作作风直接影响高校思想政治教育的效果。

高校思想政治教育的教师队伍包括具体负责所在院系思想政治教育工作的人员，如专业课教师、热爱思想政治教育工作的党务和行政干部、学生骨干以及退休的老教师、老干部。教师队伍同样兼具管理职能和教育职能。作为高校思想政治教育体系的一部分，教师队伍承担着上传下达的责任，其深刻理解高校思想政治教育工作的方针、方向和目标，并将相关内容传授给学生。作为高校思想政治体系的重要组成部分，教师队伍是高校思想政治教育工作的践行者，他们通过课堂等途径向在校大学生传授马克思主义、毛泽东思想、邓小平理论、"三个代表"重要思想和社会主义核心价值体系的精神和内涵，帮助和引导大学生树立正确的人生观、世界观和价值观，是高校思想政治教育工作的中坚力量。

高校思想政治教育工作除了领导队伍和教师队伍外，还有一群在学生中默默工作的辅导员队伍。由于专职从事学生思想政治教育工作的教师人员编制有限，因此，辅导员队伍的补充对于确保思想政治教育工作的实际效果至关重要。中华人民共和国教育部第24号令明确指出，"辅导员是开展大学生思想政治教育的骨干力量，是高校大学生日常思想政治教育和管理工作的具体组织者、实施者和指导者。辅导员应努力成为学生的人生导师和健康成长的知心朋友。"辅导员队伍与学生日常接触密切，更了解学生的需求和想法，且因年龄相近，更容易融入学生群体，因此，辅导员队伍在高校思想政治教育工作中发挥着至关重要的作用。

（二）高校思想政治工作队伍的知识能力结构

通常而言，图钉式知识结构被认为较为理想，即通才与专才的融合。具体而言，这意味着思想政治教育者不仅需具备扎实的马克思主义理论基础和思想政治教育的专业知识，还应掌握经济、管理、法学以及其他社会科学和自然科学的相关学科知识。广泛的知识结构使得思想政治教育者能够运用跨学科知识全面研究思想政治教育理论。

知识能力结构亦涵盖运用知识的能力。首先，必须具备敏锐的识别能力，这不仅指能够及时洞察教育对象的真实思想，尤其是那些隐藏在内心深处的思想问题，还指能够辨识各种错误的社会思潮和思想倾向，以便在比较中提升教育对象的思想政治觉悟；其次，必须具备敏捷的思维能力和严密的推理能力，能够在实践中透过现象，挖掘本质，将感性认识提升至理性认识；最后，必须具备果断处理问题和驾驭问题的能力，能够根据教育对象的思想问题的性质和程度及时进行处理，并且应对自如，具有艺术性，体现较高的组织管理能力。

知识能力结构与学历层次紧密相关。思想政治教育队伍不仅需要具备大学专科、本科知识水平的人才，还应包括硕士生、博士生等高学历人才，形成一个由这三个学历层次人才组成的多层次队伍结构。唯有如此的队伍结构，方能全面发挥成员的能力，实现通才与专才的融合，更有效地完成高校学生的思想政治工作。

（三）高校思想政治工作队伍的年龄性别结构

一支结构均衡的思想政治教育队伍，应当由老年、中年、青年三个年龄段的成员按照特定比例构成。由于不同年龄段成员在队伍中的比例存在差异，思想政治教育队伍的年龄结构通常呈现出三种不同的模式。

在第一种模式中，中年人数超过老年人，青年人数又超过中年人，形成一个正三角形的结构。这种结构既能够充分利用老年人的决策和参谋能力，中年人的核心作用，以及青年人的创新精神，同时还能在实践中不断培养新的接班人。由于这种结构模式在实际工作中表现出高效率，并有助于未来人才的培养，因此被称为前进型。

第二种模式的特点是中年人数超过老年人和青年人，形成中间大、两头小的结构。这种年龄结构的优势在于在当前的教育活动中作用显著，因为队伍中中年成员占据较大比例，精力充沛。然而，其劣势在于青年人获得锻炼的机会较少，不利于接班人的培养，可能导致人才后续乏力和断层。因此，这种仅利于当前、不利于未来的年龄结构模式被称为静止型。

第三种模式是老年人数超过中年人，中年人数又超过青年人，形成一个倒三角形的结构。这种结构会引发一系列问题：首先，老年人过多可能导致无法承担繁重的工作；其次，青年人数不足可能导致群体缺乏活力和创新精神；再次，会严重阻碍接班人的培养；最后，可能会压制那些具有创新思维的人才。由于存在上述缺陷，这种模式被称为衰退型。

在当前的思想政治教育队伍中，前进型、静止型、衰退型三种模式均有所体现。我们所需的是前进型模式，应避免静止型和衰退型模式，特别是要对衰退型模式进行改造。

性别结构指的是思想政治教育队伍中男女成员的比例。思想政治教育队伍中应包含男女成员，性别构成不宜过于单一，否则不利于性别间的互补效应发挥。同时，考虑到在工作实践中接触的教育对象具有性别差异，因此，队伍性别比例的合理组合更为适宜。

不难理解，高校思想政治教育工作的质量不仅取决于整个教育机制，而且与思想政治教育队伍的结构状况密切相关。不同的结构会导致不同的整体功能。根据马克思主义哲学中关于部分与整体的理论，合理的管理队伍结构可以使各个要素相互配合、相互协调，从而发挥出更大的作用，使得整体功能大于部分之和；反之，不合理的队伍结构则会导致各个要素相互制约、相互磨损，无法发挥应有的作用，使得整体功能小于部分之和。

第二节　高校思想政治教育工作队伍建设的原则

《中共中央宣传部 教育部关于进一步加强高等学校思想政治理论课教师队伍建设的意见》明确指出，高校的思想政治理论课教学部门应构建一个开放而灵活的人才配置体系，以此吸引并鼓励校内相关专业的学术带头人和教学骨干，无论是专职还是兼职，都应承担起思想政治理论课的教学职责。同时，应积极从社会各界招募理论研究者、教学机构成员以及实际工作部门的专家和领导干部，以充实思想政治理论课的教学力量。为了建立这样一支队伍，必须确立相应的基本原则。①

在新时代的历史背景下，高校思想政治教育工作队伍的建设应当恪守以下几项基本原则。

一、实事求是的原则

"实事求是"乃辩证唯物主义审视世界之科学立场，亦是马克思主义世界观与方法论之核心。从理论层面而言，实事求是意指基于实际对象，探究事物内在联系及其发展规律，以达成对事物本质之认识。显然，实事求是亦为高校思想政治教育工作队伍构建所必须遵循之原则。因此，在推进高校思想政治教育工作队伍构建过程中，必须恪守实事求是之原则，既要汲取普遍理论之精华，亦需立足于各校及中国社会之实际状况。

①张燮. 高校思想政治理论课教师队伍建设的基本原则与目标模式刍议[J]. 前沿,2014(Z2):30-31.

二、以人为本的原则

人本主义体现了马克思主义关于人的全面发展的理论追求，以及中国共产党全心全意为人民服务的核心价值观。它旨在将马克思主义的科学真理与人民群众的价值取向相融合。高等院校作为培育社会主义建设者和接班人的关键阵地，自然成为实践人本主义理念的重要领域。在加强高校思想政治教育的师资队伍建设过程中，必须致力于贯彻人本主义原则，确保广大师生能够共同参与和谐校园的建设，并共同享受高校改革与发展的成果，从而不断推动大学生的全面发展。

三、与时俱进的原则

理论创新乃民族之魂，关乎民族之命运，是国家繁荣昌盛的持续动力。理论创新需不断解放思想、追求真理，促进理论与实践的深度融合。在高校思想政治教育工作队伍建设过程中，必须始终维护马克思主义基本原理在理论创新中的核心地位。马克思主义的基本原理及其在中国的具体应用，构成了指导我国革命、建设与改革的科学理论体系。唯有持续以马克思主义理论的最新成就来武装思想，坚持运用马克思主义的立场、观点和方法审视和分析高校思想政治教育工作队伍建设的现实状况，方能科学、准确地推动该领域理论创新的进程，确保与时俱进。

四、平等原则

平等原则乃处理各项事务之根本准则。在高校思想政治教育队伍建设过程中，恪守平等原则即意味着对专职与兼职人员予以同等对待，确保他们享有相同权利并承担相应义务。

（一）权利

1. 获得经济报酬的权利

通过授课，思想政治理论课的专职教师能够获得相应的课时津贴等经济补偿，这构成了激励教师承担教学职责的关键因素。兼职教师作为专职教师的有力补充，同样应当得到相应的经济补偿。在没有承担教学基础任务的情况下，他们应享有与专职教师同等的经济待遇，其身份不应成为影响待遇的因素。

2. 晋升职称的权利

依据高等教育管理的相关规定，专职思想政治理论课教师通过其教学活动，有资格获得职称晋升的机会。至于兼职教师，由于他们同时承担着其他主要职务，因此在行政岗位上享有晋升的可能性。随着高等教育的不断进步，一些院校开始实行职员制度，此制度下，兼职教师被排除在职称晋升的行列之外，导致大多数兼职教师失去了提升职称的机会，这对他们参与外部学术交流产生了不利影响。实际上，只要兼职教师能够持续地投身于思想政治理论课的教学工作，他们理应获得职称晋升的资格，并享有与专职教师相同的权益。

3. 参加课程培训的权利

参与课程培训乃提升思想政治理论课教师教学与科研能力的关键途径与方法。依据教育部及有关教育主管部门的规定，思想政治理论课教师应定期参与所授课程的培训，学习新知识、新方法、新技巧等，以促进教学成效的提升。兼职教师作为一特殊群体，由于其日常工作繁重，其在教学内容、方法及技巧方面的研究往往不及专职教师深入，这在一定程度上限制了其教学能力的提升。通过定期参与培训，包括高校自身的持续教育，兼职教师的教学技能得以提高，其对学校的归属感得到加强，责任感亦得以培养。

4. 获得各种表彰的权利

依据现行规定，全职教师每年均有资格参与各类教学表彰活动，如优秀教师、骨干教师、教学模范等。此类荣誉不仅是对全职教师工作成就的高度认可，亦是其职称晋升过程中的重要依据。在兼职教师群体中，亦不乏工作勤勉、成绩斐然者。如何对这些教师的教学贡献给予适当肯定，并激励他们在教学领域持续努力，是高校及其相关部门亟须考虑的议题。若能实现兼职教师与全职教师共同参与评比，依据统一的标准和原则进行评价，使他们通过个人努力公平地获得各种荣誉，将最大限度地激发他们的潜力，促使他们在兼职岗位上做出更大贡献。同时，此举亦能激励全职教师，促进他们在教学工作上的进一步提升。

（二）义务

思想政治教育课程的兼职教师在享有与专职教师相同权利的同时，

亦须承担相应的义务。

1. 参与考核的义务

作为专职教师，每年均需接受综合评估，涵盖教学能力、科研成就、职业道德等多个维度，以评定教师的考核等级。考核结果将直接影响教师的薪酬。若教师未能通过考核，将面临相应的警告；若连续未能达标，则可能采取更为严格的措施。至于兼职教师，他们亦需接受考核，尽管考核结果不直接影响薪酬，但会作为续聘与否的关键参考。若兼职教师未能参与考核或考核结果不达标，将作为不再续聘的依据，进而终止聘任关系。

2. 参与教学研究活动的义务

频繁进行教学研究活动有助于深化对教学趋势的理解，促进教学信息的交流，进而提升教师之间的相互进步。尽管兼职教师承担着专职工作，日常事务繁多，无法像专职教师那样频繁参与教学研究活动，但诸如集体备课、师生座谈等关键活动，兼职教师仍需参与，并且这些参与情况应成为其继续受聘的重要考量因素。

五、特性互补的原则

列宁在组织构建中提出了特质互补的原则，即应根据每个人的特质与个性，进行综合考量，发挥各自所长，弥补不足，构建一个能力与性格上相互补充的协调队伍，以实现工作效率的最大化。列宁曾强调，理想的做法是让机关内汇集不同特质的人员，展现出机关是多种品质与优点的融合。唯有如此，合理的人才结构才能提升机构的整体适应性，确保工作的高效与协调。在新时代背景下，高校思想政治教育队伍更应遵循这一客观规律。鉴于高校思想政治教育队伍成员在教学经历、年龄层次、知识结构、性格等方面存在诸多差异，若能形成一个和谐的队伍，将不同资历、年龄、性格、经历的人员合理搭配，形成最优结构，将更好地满足高校思想政治教育工作的客观需求。

六、有效原则

在构建高校思想政治教育工作队伍的过程中，坚持有效性原则至关重要，其目的在于确保能够实质性地提升高校思想政治理论课的教学品质。此外，该原则还旨在使兼职教师在履行其专职岗位职责的同时，能够充分展现其在教育和培养人才方面的积极作用。

（一）数量上的有效

所谓数量上的有效，意指根据思想政治教育课程的教学与研究需求，规划并确定兼职教师队伍的规模，并根据发展的优先级与紧迫性，制定各个阶段兼职教师的招聘与培养策略，确保兼职教师的数量能够满足课程教学的需求。

（二）质量上的有效

所谓质量上的有效，意指为满足思想政治理论课教学与科研之需求，特制定兼职教师在教学水平与效果方面的评价标准，涵盖基础要求与卓越指标，确保兼职教师在质量上能够充分满足课程教学之要求。

七、适度原则

在构建高校思想政治教育工作队伍的过程中，坚持适度原则意味着必须基于教学与科研工作的实际需求与可行性，恰当地控制队伍的数量与发展速度，避免盲目追求规模的扩大和速度的加快。

（一）数量上的适度

数量要求涵盖最低和最高限额两个方面。最低限额指的是兼职教师的最少需求量，即为满足教学与科研需求所必须配备的最少兼职教师人数；而最高限额则指兼职教师的最大容纳量，即根据思想政治理论课教学与科研的实际需求，所能接纳的兼职教师的最大数量。

（二）速度上的适度

在构建高校思想政治教育工作队伍的过程中，必须根据不同时期的教学与科研需求，审慎规划各阶段兼职教师的引进规模，并确立兼职教师队伍发展的节奏。这样做旨在防止出现兼职教师数量不足，导致课程教学与科研任务过重，从而影响教学品质与水平的提升，最终妨碍思想政治理论课教学成效的实现；同时，也要避免兼职教师过剩，造成课程教学任务无法满足教师的基本需求，致使教师资源出现闲置现象。

八、滚动原则

灵活的用人机制有助于发掘和培养人才，并营造一个优良的环境。在高校思想政治教育工作队伍的建设过程中，坚持动态管理原则意味着应依据兼职教师的工作表现，科学地调控教师的聘任与解聘。

（一）进入标准

思想政治教育课程的教学构成了思想政治教育的主要途径和核心领域。选拔杰出的兼职教师队伍是促进该队伍发展与壮大的关键环节，而制定科学且合理的选拔标准则是确保选拔工作成效的核心要素。选拔标准旨在为非思想政治教育课程教师参与教学与科研活动提供明确的指导。在选拔过程中，教学部门需对申请者进行综合评估，包括其专业背景、职业岗位、道德品质等软实力方面，同时也要考虑学生反馈、思想政治教育岗位的工作经验、教学中是否存在失误或事故、是否在思想政治教育领域的学术期刊上发表过论文，以及是否主持或参与过相关课题研究。通过这些具体可行的选拔标准，来决定申请者是否适合加入兼职教师队伍。在选拔门槛的设定上，不宜过高，应为有潜力的青年教师提供参与教学的机会，并提供充分的培训支持，以助其提升教学能力与水平。

（二）运行标准

确立选拔标准为兼职教师队伍的组建提供了基础，而一旦教师开始从事教学活动，便须遵循更为严格的运行标准。运行标准旨在规范并激励兼职教师在教学与科研领域的努力。该标准应高于选拔标准，并且更加注重细节数据。在构建兼职教师队伍时，可根据教师的专业背景差异，分别制定相应的运行标准。对于从事思想政治教育的兼职教师，其标准不仅应涵盖教学领域，还应体现在科研成果上，具体要求包括在规定期限内完成既定的教学任务、教学改革研究、个人进修以及学生指导等方面的具体成果。对于非思想政治教育专业的兼职教师，其运行标准则主要侧重于教学成效，其他方面的标准不宜过于繁杂。

（三）退出标准

退出机制旨在确保思想政治理论课兼职教师能够有效地履行教学与科研职责。所谓思想政治理论课兼职教师，指的是以非全职形式参与教学活动的教师。他们既有可能加入，亦有可能离开。为确保兼职教师退出过程的科学性和规范性，思想政治理论课教学部门需引入竞争机制，并制定出一套合理的评价标准。同时，应对兼职教师进行严格的考核，对于那些无法保证教学质量与数量，或不适应兼职岗位要求的人员，应立即解除其职务。对于那些能够达到考核标准的兼职教师，则应继续予以聘用。通过这样的措施，确保兼职教师无论是退出还是继续参与教学工作，都有明确的评价标准作为依据，从而减少主观判断的余地。

第三节　高校思想政治教育工作队伍建设的意义

作为高等教育体系的关键成员，高校学生思想政治工作者肩负着教师与管理者的双重职责。在中国，这一群体被普遍称为"双肩挑"，这一称谓也反映了我国高校理论界对学生思想政治工作者的共识性定位。因此，学生思想政治工作队伍既是高校教师队伍不可或缺的组成部分，也是管理干部队伍中的一支核心力量。深入研究高校思想政治工作队伍的功能，对于发挥其在学生思想政治教育中的作用以及加强其自身建设，具有重要的指导价值。

一、高校思想政治教育队伍的地位及功能

（一）组织管理功能

组织管理职能对于大学思想政治教育目标的实现至关重要，其主要涵盖目标管理、师生教学活动的管理以及制度与机制的管理。通过有效的组织管理，可以最大程度地扩展和延伸思想政治教育活动的时空范围，从而提升其实际成效。例如，学校教务部门通过有序地组织管理思想政治理论课程的教学活动，无疑将有助于提升该课程的实效性。同样，辅导员或班主任对大学生的日常生活和学习活动进行适当的组织与管理，无疑将有助于增强大学生的自我约束和自我管理能力。[1]

---

[1]孙悦，武潇. 新时代高校思想政治教育队伍建设研究[J]. 管理观察，2019(29)：135-136.

高校的思想政治教育工作者及其组织，旨在以社会主义核心价值体系和价值观为指导，对大学生的世界观、人生观、价值观形成过程施加积极影响、引导、必要干预及塑造。基于大学生的思想状态和行为规律，运用多种组织管理手段，对思想政治教育活动及其参与者、部门间的相互关系进行有效的组织与管理，体现了组织管理职能的实施。

高校中思想政治工作队伍的组织功能主要体现在两个方面：首先，确保队伍自身的组织结构完善。具体措施包括建立健全的组织架构，配备干部并制定岗位责任制度，以确保思想政治工作队伍的每个成员都能各司其职，各尽其责。其次，组织学生接受教育。具体措施包括规划教育内容和时间，准备开展教育活动所需的物质条件，并制定确保教育活动顺利进行的规章制度。通过这些措施，将学生组织起来，以完成思想政治教育所规定的任务。

（二）宣传功能

思想政治工作队伍的核心职能之一在于执行宣传任务。宣传职能主要体现在传播党和国家的路线、方针、政策，传达上级的相关决策，以及介绍现代化建设的新进展和社会的新风尚，宣讲国内外重大事件。通过这些活动，确保将上级的决策和意图准确无误地传达给广大学生，展示国家建设的新成就和社会的新风貌，从而激发学生的学习热情和坚定其政治信念。

社会主义核心价值体系和社会主义核心价值观构成了当前高校思想政治教育的核心内容。因此，为了使大学生从内心深处认同这些教育内容，并自觉地将外在规范内化为内在动力和精神支柱，教育者必须采取多种方式，利用各种媒介，向大学生普及社会主义核心价值体系和社会主义核心价值观，以扩大其影响力。此外，思想政治教育者还应及时向大学生宣传和阐释党在新时代制定的各项路线、方针、政策，积极宣传中国特色社会主义建设的新成就，以此增强大学生的学习热情，并帮助他们树立坚定的信念。

（三）教育功能

教育者的核心职责无疑是教育本身，而教育构成了其他所有职责的终极目标与归宿。这一职责主要体现在教育工作者根据社会的需求，对受教育者进行有目的、有计划、有步骤的教育影响，引导受教育者在思想政治品德方面的发展方向与进程。思想政治教育者与受教育者之间建立了一种特殊的社会关系。这种关系将宏观的社会经济、政治、文化对受教育者的客观要求，自觉地转化为教育环境中的教育者与受教育者之间的人际互动。因此，从政治角度审视，思想政治教育者是受教育者的引导者；从思想层面来看，他们是受教育者的良师；从道德层面审视，他们是受教育者的榜样；从情感层面来看，他们是受教育者的益友。正是基于这种特殊的社会关系，教育者在受教育者心中扮演着引导者、良师、榜样、益友的角色，展现了教育者人格力量对受教育者的深远影响。同时，直接面对面的思想政治教育职能表现为教育者进行的理论教育、时事政策教育、思想品德教育、法纪教育以及个别教育等，为受教育者提供理论指导和咨询，持续提升受教育者的思想道德水平，全面履行教育职能。

高校中思想政治教育工作者的核心职责在于，通过多样化的手段与途径，对学生进行政治理论、理想信念、人格完善以及日常行为规范的教育。其目的在于帮助学生摒弃不健康和错误的思想观念，从而提升他们的政治法律意识、思想道德水平以及行为能力。教育的目标是培养出具有坚定政治立场和理想信念、高尚道德情操、坚韧不拔意志和健全人格的社会主义建设者及继承者。在这一过程中，思想政治教育教师主要承担课堂内外的理论教学任务；而班主任和辅导员则侧重于通过日常的班级或年级管理、组织主题教育活动，以及自身的榜样示范，向学生传授真理，规范其行为，激发其积极进取的精神，引导他们树立正确的世界观、人生观和价值观。

（四）信息处理功能

思想政治工作队伍所承担的这一职能，对于确保队伍能否有效发挥其作用至关重要。信息的畅通无阻，有助于思想政治工作队伍更好地发挥其职能；反之，信息闭塞则会对职能的发挥产生不利影响。信息处理职能主要通过调查研究和总结交流来实现，必须妥善处理三个层面的信息关系，以确保信息的流通无碍。这三个层面的信息包括：首先，上级机关向下级组织发布的指令性信息以及下级组织向上级的反馈信息；其次，思想政治工作队伍与其他工作队伍之间的信息交流；最后，思想政治工作队伍与教育对象之间的信息沟通。通过这些信息的相互交流，领导机关能够及时掌握情况、发现潜在问题，并了解教育活动的最新动态，从而为决策制定和领导实施提供坚实的信息支持。

(五)育人功能

高校中思想政治工作队伍的核心职责在于培育和教育人才。关于育人的职能，具体而言，首先，在于塑造思想政治教育的专业人才，提升队伍成员的素养，从而强化队伍的整体效能；其次，通过思想政治教育者所实施的教育实践活动，致力于培育社会主义事业的建设者和未来继承者。这一职能的实现程度，直接关联到社会主义事业的繁荣与进步。

综上所述，上述各项职能构成了一个内在统一的整体。一方面，宣传职能与组织管理职能的最终目的是服务于教育的职能和培养人才的职能。宣传职能是实现教育职能不可或缺的手段，而组织管理职能则为宣传职能和教育职能提供了组织上的保障。若宣传职能或组织职能执行不当，将不可避免地对教育成果产生负面影响。另一方面，教育职能是思想政治教育队伍的核心职能，它指导着宣传职能和组织管理职能。若教育活动不以塑造大学生的世界观、价值观和人生观为终极目标，那么宣传工作充其量仅限于知识的传递，甚至可能沦为单纯的宣传行为。同样，组织管理工作亦可能退化为日常的工作流程或人员管理活动。

二、高校思想政治教育工作队伍建设的必要性

高校思想政治教育工作队伍作为党的思想政治教育工作的重要力量，致力于服务党的政治任务，确保思想政治工作的任务、内容、方针和方法得到正确实施。该队伍肩负着以马克思主义理论教育学生、引导学生的思想认识与党的路线、方针、政策保持一致，并培养学生深刻理解自身肩负的使命，同时提升学生的思想道德素质和综合能力的重任。

准确理解时代赋予高校思想政治教育工作队伍的新使命，有助于进一步明确该队伍建设的目标和意义。只有深刻领会新时代对思想政治工作队伍提出的新要求，才能为队伍建设的发展指明方向，确保其与新时代的步伐保持一致。

（一）新形势下中国特色社会主义事业发展的需要

自党的十一届三中全会以来，我国社会主义现代化建设步入了一个以改革开放为显著标志的新历史发展阶段。国际与国内形势的演变以及党的工作重心的转移，不仅为党的思想政治工作带来了新的挑战，也对高校思想政治工作队伍提出了新的要求。

随着科学技术的迅猛发展以及我国社会主义市场经济体制的逐步完善，社会政治经济结构和社会生活方式经历了重大变革。人们的思想观念、思维方式、精神状态和道德风貌，特别是价值观念，发生了深刻的变化。人们思想观念的变化呈现出两种显著的趋势：一种是积极健康的趋势。例如，随着商品经济的发展，相应的务实观念、竞争观念、平等意识、民主意识、独立意识、自由意识以及开放意识等逐渐确立。这些观念既符合市场经济发展的客观要求，又与人类社会发展的方向相契合，对我国的改革开放和社会主义现代化建设起到了积极的推动作用。如何帮助广大青年学生在思想上辨别是非、对错、美丑、高尚与卑劣、正义与邪恶等界限，确立正确的世界观、人生观和价值观，也是高校思想政治工作队伍所面临的挑战和必须解决的难题。能否应对这一挑战，解决这些难题，承担起时代赋予的使命，关键在于是否拥有一支高素质的思想政治教育队伍。

（二）实现思想政治教育与时俱进的需要

当前，国际与国内形势正经历着深刻的变革，思想政治教育领域既迎来了难得的发展机遇，也面临着严峻的挑战。国际局势的多变和意识形态领域的日益复杂化，导致西方敌对势力加强对我国的西化和分化策略，试图动摇人民对马克思主义的信仰、对共产主义的信念、对共产党的信任以及对社会主义的信心。在社会变革的深入过程中，人们的思想观念、道德观念、价值取向和生活方式趋向多元化，社会热点和难点问题层出不穷，统一思想、凝聚人心的任务显得尤为艰巨。网络媒体的兴起及其迅猛发展，对思想政治教育的环境、任务、内容、渠道和方法产生了根本性的影响，对思想政治教育提出了新的、更高的要求。面对如此复杂多变的形势和挑战，我们必须坚持不懈地加强思想政治教育队伍的建设，不断提升队伍的整体素质，以增强其战斗力，适应新时代的要求。在建设健康中国的进程中，思想政治教育队伍承担着重大使命，必须深入宣传党的基本理论、基本路线和基本纲领，引导人民树立中国特色社会主义的共同理想，确立正确的世界观、人生观和价值观。同时，必须切实加强思想政治工作，妥善处理人民内部矛盾，尤其是涉及群众切身利益的矛盾，以维护社会的稳定与和谐。此外，还需大力推动哲学、社会科学的繁荣发展，大力弘扬以爱国主义为核心的团结统一、爱好和平、勤劳勇敢、自强不息的民族精神，加强思想道德建设，改进思想政治工作，广泛开展群众性的精神文明创建活动，并且毫不松懈地加强和改善党的领导，全面推进党的建设新的伟大工程。这一切都迫切要求我们加强思想政治教育队伍的建设，不断提高其政治素质，否则，将难以承担党和人民赋予的历史使命。

（三）做好思想政治教育的组织保证

众所周知，思想政治教育队伍的建设对于确保思想政治教育目标、内容、过程、评估及领导的有效实施至关重要，同时，它也是决定思想政治教育活动成效的关键因素。深入研究思想政治教育队伍的建设规律，掌握其结构、职能以及培养、选拔、管理的组织措施，对于全面提升思想政治教育者的素质和确保思想政治教育工作的有序进行，具有组织上的保障意义。在新形势下，思想政治工作如何适应并为改革开放以及社会主义现代化建设提供坚实保障，已成为一个亟待解决的重要课题。自改革开放以来，尤其是进入21世纪之后，思想政治教育队伍持续发展壮大。总体而言，这支队伍在政治上可靠，在业务上成熟，在作风上过硬，为思想政治教育和事业的发展做出了显著贡献。然而，也必须认识到，与新时代新任务的要求相比，思想政治教育者在政治业务素质、数量、层次、结构等方面仍存在不适应之处，这些问题在一定程度上制约了思想政治教育的顺利进行，因此，改善思想政治教育队伍现状的任务显得尤为迫切。

当前，改革正处于关键的攻坚阶段，发展亦处于至关重要的时期，而稳定则面临诸多新的挑战和问题。在社会上，对于如何理解社会主义发展的历史进程、资本主义发展的历史进程、我国社会主义改革实践对人们思想的影响，以及当前国际环境和国际政治斗争对我们的影响，存在不同的观点和认识。解决这些问题，对于社会主义事业、党的发展及其未来具有重大意义。作为政工干部，有责任对干部和群众在思想上和现实生活中迫切需要解决的重大理论和实际问题，提供科学、有说服力且符合实际的解释和说明，这是一项相当艰巨的任务。因此，迫切需要提升思想政治教育队伍的自身素质，并切实加强和改进思想政治工作。应当围绕群众普遍关心的问题，宣传和阐释党的相关政策，确保党和政府对人民的关怀深入人心。坚持民主原则和疏导方针，尊重、理解、关心每一个人，以理服人，以情感人。创新工作方法，采用生动活泼、群众喜闻乐见的形式，以增强工作的吸引力、说服力和感染力。自党的十八大以来，党对思想政治教育队伍的建设给予了高度重视，队伍得到了充实，素质显著提升，为加强和改进思想政治教育做出了积极贡献。然而，队伍中仍存在一些不足之处。一方面，思想政治教育队伍的流动性较大，人员岗位变动后，补充不及时，导致队伍数量不足；另一方面，部分思想政治教育人员能力不足，使得思想政治教育的实际效果未能达到预期或应有的水平。因此，加强思想政治教育队伍建设，为思想政治教育提供坚实的组织保障，已成为当务之急。

（四）新的时代赋予高校思想政治教育队伍的新使命

在党的十九大会议上，我国已明确步入新时代，标志着我国发展进入新的历史方位。习近平新时代中国特色社会主义思想，作为马克思主义中国化的最新成果，不仅是中国特色社会主义理论体系的核心组成部分，也是全国人民为实现中华民族伟大复兴而努力奋斗的重要行动指南。与此同时，高校思想政治教育在推进中国特色社会主义建设的进程中，也开启了新的征程，亟需积极承担起党和国家赋予高校思想政治教育队伍的新任务。习近平强调，思想政治工作本质上是人的工作，必须聚焦学生、关心学生、服务学生，不断提升学生的思想境界、政治意识、道德水准和文化修养，培养学生成为德才兼备、全面发展的社会主义建设者和接班人。

第一，当前的高校思想政治教育队伍需要应用习近平新时代中国特色社会主义思想。高校思想政治教育工作者要积极深刻地认识新时代中国特色社会主义的思想地位以及精神实质，真正弄懂其中所蕴含的深刻哲理，还要认真学习贯彻"三个代表"重要思想以及科学发展观，通过牢记习近平新时代中国特色社会主义思想来充实武装自己的头脑，从而将正确先进的思想灌输给广大的高校学生。

第二，高校思想政治教育队伍需要积极履行新的时代所赋予的价值使命，积极培养学生的社会主义核心价值观。高校思想政治教师需要明确培养高校人才的定位，将社会主义核心价值观融入授课的始终，促使学生能够内化于心，达到情感认同并且外化于行，通过行为活动积极地体现出思想政治内容，以此来加强培育社会主义核心价值观的实践成果。

第三，高校思想政治教育队伍需要积极履行新的时代所赋予的重要使命。高校思想政治教育队伍要以引导学生树立正确的意识观念为主，通过积极展开理想信念教育来积极深化中国特色社会主义教育宣传，从而培养学生的爱国心理。与此同时，还要积极实施学生的爱国教育和道德教育，发挥道德典型的示范作用来营造出尊老爱幼、孝敬父母、忠于祖国、忠于人民的良好高校氛围。除此之外，还要积极践行立德树人的根本任务，深刻理解立德树人的内涵，遵循教育规律以及高校学生的学习状态和心理思想走向，加强师德师风建设，保证高校思想政治教师的专业能力和思想意识的提升，促使立德树人工作任务能够落到实处。

（五）为国家培养合格人才的需要

1. 维护高校稳定、培养合格人才

高校在思想政治教育方面的师资队伍建设，对于保障高校的稳定具有至关重要的作用。近年来，由于高校招生规模的扩大，学生人数显著增加，加之社会环境的日益复杂，不良风气的滋生问题日益凸显。这种状况与学校思想政治教育的目标背道而驰，对培养新时代的共产主义接班人构成了不利影响。因此，加强高校思想政治教育师资队伍的建设，形成校内专业的思想道德教育队伍，对于广泛开展对高校学生的道德教育至关重要。通过教育引导和思想渗透，可以促使学生端正态度，树立正确的价值观念。此外，高校思想政治教育师资队伍的建设对于培养合格人才也具有重要意义。目前，我国高校学生在专业能力方面普遍达标，但在思想意识方面尚未完全满足新时代对高校学生的要求。因此，高校思想政治教育师资队伍肩负着培养合格人才的重要责任和使命。通过运用专业的教育方法和成熟的教育手段，不断引导学生端正态度，从而真正提升其思想道德水平，培养出对社会有益的人才。

2. 帮助学生成长

在我国，高校的学生正处于从校园向职场过渡的关键时期，其身心发展尚未完全成熟，因此，他们亟需正确的思想意识作为指导，以培养其形成正确的意识和行为习惯。提升学生的思想意识水平，是新时代对高校思想政治教育工作及学生个体的明确要求。高校的思想政治教育队伍作为引导学生行为规范的关键管理力量，其成员应结合学生的心理发展、社会形势及政策导向，制订并实施思想政治教育计划。思想政治教师及辅导员应深入学生日常生活，洞察学生的情感波动、成长中的困惑，并在赢得学生信任、建立和谐师生关系的基础上，以教师和朋友的双重身份，协助学生解决成长过程中的难题。通过分享个人经验，指导学生如何妥善处理成长中的困惑，以及不恰当处理可能引发的问题，思想政治教师能够耐心地传授知识，从思想上对学生进行引导，帮助他们摒弃错误的思维模式，展现出积极的行为。特别是对于那些在成长过程中表现出极端行为的学生，思想政治教师更应密切关注其心理和生理变化，稳定其情绪，通过亲切友好的交流和思想教育，积极引导他们从偏激的思想中解脱出来，防止极端言行的出现，避免产生不良后果。

3. 及时心理疏导、给予学业帮助

高校在思想政治教育方面的师资建设，对于学生而言，具有及时提供心理疏导和学业辅导的重要作用。心态与情绪通常对学生的学业成就产生决定性影响。若学生未能树立正确的态度，或未能及时调整负面情绪，这不仅会对学业产生不利影响，还可能在心理层面留下阴影。鉴于当前我国大学生所承受的学习和社会压力巨大，加之社会发展的多元化趋势，特别是近年来文化全球化的影响和经济发展不均衡的现状，来自不同地区的学子汇聚于同一所高校，他们作为具有独立思考和鲜明个性的群体，每个人都有自己的见解。在这种背景下，他们所面临的困惑自然更加繁多。此外，许多高校学生由于社会经验的不足，处理问题的方式往往简单且不成熟，加之性格因素，一些学生可能不愿意向同学或教师倾诉所遇到的难题。长期积累的消极情绪和困惑，需要高校思想政治

教育队伍及时进行疏导，并积极提供学业上的支持。通过了解学生所面临的困惑和难题，利用自身的经验及正确的思想道德观念引导学生，帮助他们解决遇到的问题和困惑，通过有效的心理疏导帮助学生走出思维误区，从而使得学生能够更加专注于学业，顺利完成学业。

第四节　高校思想政治教育工作队伍建设的保障机制

机制一词，指的是制约或决定某一系统存在或发展状态的深层次相关因素或过程，这些因素或过程遵循特定规律或规则，通过相互作用形成连锁互动的过程和内容。机制的运行是否顺畅，反映了该系统的组织结构是否严密、有序，信息流动是否顺畅，以及各环节、各子系统是否能够各司其职、各尽其责。这些因素共同决定了系统功能的发挥程度。

从本质上讲，高校思想政治教育队伍建设实际上是一种特殊形式的人力资源管理活动。这里的管理，是广义上的概念。从人力资源管理的视角来看，高校思想政治教育队伍建设的长效机制主要包括选拔人才、培养人才、使用人才和留住人才的机制。高校决策部门及相关职能机构必须以提升业务水平为重心，以素质能力建设为核心，持续完善选拔人才、培养人才、使用人才和留住人才的长效机制。①

一、完善队伍的选任机制

高校中思想政治教育工作者的素质与其先前的教育背景和职业经历紧密相关。确保选拔过程的严格性，是管理部门和相关职能机构应当优先考虑的事项。唯有构建并完善选拔任用机制，确立一个公开、公正、科学且有序的选拔程序和方法，方能吸引真正符合要求的人才加入思想政治教育的行列。

（一）明确选任标准

在新时代背景下，大学生德育工作呈现出新的发展趋势。高校在制

①吴静. 高校大学生思想政治教育工作队伍建设探析[J]. 课程教育研究, 2017(40)：70-71.

定思想政治教育工作者的选拔标准时，除了常规考量因素如年龄、政治面貌、职称、性别等，当前尤其应重视德才兼备、以德为先的原则。对于思想政治教育者而言，"德"不仅涵盖高尚的教师职业道德、勇于奉献、甘为人梯等道德品质，还包括坚定的马克思主义信仰、对中国特色社会主义道路、理论、制度、文化的自信以及远大的理想信念；而"才"则指从事高校思想政治教育工作所必需的专业技能。在专业技能方面，当前高校思想政治教育工作的实际需求主要指向队伍的专业化。此处的专业化特指由思想政治理论课教师队伍和辅导员队伍构成的专职队伍。因此，在选拔这两部分人员时，必须充分考虑其专业化要求。

对于高校思想政治教育队伍的建设，高校管理者和决策者需在选拔、考核、薪酬待遇、晋升机制、专业组织等各个环节投入相应的努力，以满足队伍专业化的需求。在选拔环节，高校应特别强调职业资格和教育背景的专业化。从事思想政治教育工作的人员必须具备扎实的马克思主义、毛泽东思想和中国特色社会主义理论知识，同时熟悉大学生身心发展规律和思想政治教育规律。

目前，大多数在岗的思想政治理论课教师已经具备相应的执业资格和专业教育背景。未来，各高校在招聘新任思想政治理论课教师时，普遍认同应充分考虑其教育背景和相关行业经验。

相较于思想政治理论课教师队伍，专职辅导员队伍在选拔环节面临较大的专业化要求挑战，兼职辅导员的选拔难度则更大。在组织辅导员招聘时，许多高校往往忽视了对思想政治教育专业知识的考量，更多地关注政治面貌、学历、年龄、性别等因素。因此，高校在确定选拔标准时，应重点考虑从业者的专业背景，并尽可能创造条件，减少非专业因素对选拔机制的影响，以实现队伍的专业化。也有学者建议，选拔高校辅导员时应建立资格认证制度，将是否持有辅导员资格证作为基本条件之一。尽管此建议出发点良好，但目前尚不切实际，也无此必要。因为现行的教师资格证获取方法和程序已基本覆盖了对辅导员的要求。正如高校思想政治理论课教师可凭借高校教师资格证上岗，高校辅导员亦可将高校教师资格证作为资格论证的要件之一。除资格论证外，还应考虑上述实质性的要件。

(二)完善选任程序

为确保思想政治教育队伍素质的整体提升，并确保选拔任用的人员真正符合既定标准，实现公开、平等、竞争、择优的原则至关重要。对于高校思想政治理论课及其他哲学社会科学专任教师，只要其满足相应的学历、专业、职称和年龄要求，即可通过自荐与学校选拔相结合的方式进行选拔。对于拥有自主人事权的本科高校，招聘者应通过公开发布招聘信息、设定比例、公开试讲面试及评议等程序，以择优录用；而对于不具备自主人事权的高校（如高职），其人员选拔可借鉴公务员招聘流程，纳入事业单位考试体系，通过公开发布招聘信息、笔试、面试等环节，最终择优录用。

对于专职辅导员，为确保公开、平等、竞争、择优原则的贯彻实施，高校可参照公务员录用考试的流程和方法，在平面媒体或网站上公开用人信息，预先设定岗位招考比例，随后组织笔试和面试，以避免选任过程中的随意性。在选拔过程中，高校需组建专业评审队伍，科学合理地制定选拔职位的报考资格、选拔程序、笔试和面试内容以及评估方法，力求实现公开、公正、平等、择优。同时，对于选拔过程，必须建立健全的监督体系，包括自上而下的监督和自下而上的监督，以全面实行层级监督。

二、建立完善考核评估机制

考核乃人力资源管理之关键环节，科学的考核体系能够客观评价人力资源在德行、能力、勤勉、业绩、廉洁等方面的表现，进而实现对先进者的肯定与奖励，对落后者的教育与惩戒，以及队伍的稳定。由专门职能部门负责，对高校思想政治教育队伍的业绩进行客观公正的评估，并确立按劳分配、按质取酬、按绩奖惩的原则，将有效激发高校思想政治教育工作者的积极性、主动性与创造性，同时促进那些工作积极性不足、能力有待提升、效能不高的教育者加速进步。因此，构建一个公平、透明、立体化、动态化、客观的考核机制，对于提升高校思想政治教育队伍建设的实效具有至关重要的意义。

（一）合理确定考核评估的标准

通常情况下，评估内容涵盖德、能、勤、绩、廉等多个维度。为了完善思想政治教育队伍的评估体系，必须明确各项指标的含义：所谓"德"，指的是教育者在政治素养、道德品质及工作态度方面的素质；"能"则涉及教育者在思想政治教育领域的专业知识和实践能力；"绩"关乎教育者的工作效率、质量、效益及贡献；"勤"则体现在教育者参与理论学习和业务学习的自觉性、主动性以及出勤情况，还包括对基本理论和职责所需知识的掌握程度；"廉"则关乎教育者是否保持廉洁自律，不利用职务之便牟取私利。

评估标准的确立对于评判高校思想政治教育者在上述各方面的综合表现至关重要。合理设定评估标准具有双重意义：首先，它为高校思想政治教育者提供了一个公正、透明、统一的评价模式，确保评估过程有据可依；其次，它为被评估者指明了努力的方向和标准，避免了盲目性。

因此，在制定高校思想政治教育队伍的评估标准时，必须兼顾校内教师评估标准的协调性，并充分考虑思想政治教育工作的特殊性。以"绩"的评估为例，通常采用定性与定量相结合的方法。然而，由于定性标准难以明确，许多高校倾向于设计各种定量方法进行评估。实际上，思想政治教育工作的绩效内容与标准与教学科研岗位、行政岗位存在明显差异。教学科研岗位的绩效容易量化，如课时量、科研成果等，行政岗位则可通过出勤和工作失误等进行衡量。而思想政治教育工作的绩效，比如提升学生的政治法律素质和思想道德素质，是难以量化的，且其效果往往需要较长时间才能显现。至于加班工作量，由于学生工作的不固定性，难以准确计算。

因此，高校管理者应加强研究与探索，结合思想政治教育工作的特殊性，坚持定量与定性相结合的原则。一方面，应尽可能采用可量化的数据，使评估更加科学、易于操作，主要针对日常工作过程进行定量评估；另一方面，更应重视定性标准的设计，以实现评估的全面性、深入性和有效性。定性评估主要针对工作成果。当然，如何确保定性评估的准确性和客观性，是一个值得深入研究的问题。在确定评估标准时，尤其需要考虑标准的客观性、可测性和科学性，确保它们能够真实有效地反映高校思想政治教育队伍的工作效果、态度、作风和能力。

（二）规范高校思想政治教育队伍考核评估的相关程序

评估程序是指评估主体在进行评估时所遵循的步骤及具体的操作规范。为了确保能够真实、客观地反映思想政治教育队伍的多方面表现，评估程序是其制度上的保障。该程序主要包括评估准备，评估启动，评估结果分析与确定、反馈，评估结果应用等关键环节。在评估准备阶段，应成立评估小组，明确评估任务和内容，重点制定评估流程、步骤及相关注意事项，并通过高校内部OA系统及各二级单位发布通知，要求评估对象及其所在单位做好准备，并组织评估小组成员及各二级单位相关人员进行集中培训，以掌握相关知识和要求。为体现对评估工作的重视并确保其严格性，建议高校至少由学校党委副书记担任评估领导小组组长。评估启动阶段需完成教育者个人述职和评估小组实地了解评估对象的综合情况等任务。在实地评估过程中，评估小组成员应深入被评估人员单位，全面了解评估对象的表现，并随机抽取部分学生代表以收集信息。此环节为评估工作的核心，其质量直接关系到评估结果的准确性，主要任务是全面掌握评估对象的思想政治教育表现，形成初步印象和概念，为综合评价和鉴定打下基础。

评估结果分析与确定、反馈阶段主要是依据预先公布的评估标准，对评估对象的个人述职材料及评估小组实地了解的材料进行综合整理，进行分析、判断和研究，并在此基础上，根据既定要求对思想政治教育者作出结论，形成书面评估材料并交由学校人事部门存档，同时委托评估对象所在单位党委（总支）及时将评估结果告知评估对象本人。

评估结果应用阶段即高校思想政治教育者相关的管理部门依据事先制定的标准，将评估情况作为思想政治教育者的职务晋升、评优或行政处分等的依据。在这些环节中，核心环节为评估启动、评估结果分析与确定阶段。

（三）确定并完善考核评估方法

评估方法是获取对思想政治教育者准确理解和评价的手段和工具。为确保对教育者全面表现的客观准确评估，并公平对待每位教育者，高等院校应依据上级规定并结合本校特色，制定和完善评估体系。无论采取何种评估方式，均应坚持民主、科学、制度化原则，实现对评估对象的综合表现进行定性与定量相结合的评价。在定量评价方面，应重点考虑刚性指标，例如所负责班级及学生人数、所获各级奖励、参与必要活动的出勤情况、学历及资格证书等；而定性评价则侧重于教育者的政治法律素养、思想道德素质、工作能力、态度、作风以及工作成效。这部分属于软性指标，难以用精确数值衡量。如前所述，在思想政治教育工作中，定性分析相较于定量分析更为关键和全面。然而，由于定性分析难以精确量化，因此在实施过程中存在一定的挑战。管理者和相关部门需依据本校实际情况，审慎确定评估方法。

三、建立和完善激励机制

在确立了考核评估机制和制度之后，接下来的工作是根据考核结果对思想政治教育者实施按劳分配、按质取酬、按绩奖惩。这种奖惩制度的合理运用，能够对当事人及其他相关人员产生激励效应。激励是指通过外部刺激加速或抑制人的行为，激发其行为动机的心理过程，它包括奖励激励和惩罚激励两种形式。

通过构建科学的奖励体系，对于在高校思想政治教育领域中表现卓越、认真负责的教育者个人或集体，给予精神和物质上的表彰，这不仅能够满足其成就感的心理需求，激发其持续努力和自信，同时也能对其他相关人员产生示范和引导效应。通过建立恰当的惩罚机制，对因教育者个人或单位主观原因，在高校思想政治教育工作中出现严重懈怠或工作失误，导致不良后果的教育者个人或集体进行必要的惩戒，这不仅能够阻止其继续犯错，激励其努力向上，也能对其他相关人员起到一定的警示作用。

无论是奖励还是惩罚，规则的制定与执行都至关重要。只有科学、可操作的规则，才能真正发挥激励和警示的作用；只有规范奖惩的严格实施，才能使从业者对规则产生尊重甚至敬畏，从而在队伍中营造出积极向上的氛围。

（一）建立完善奖励机制

奖励机制作为对思想政治教育工作者行为的一种反馈，具备激励与引导的功能，是高校思想政治教育管理中不可或缺的关键环节。在实施高校思想政治教育工作者的奖励时，应遵循以下原则：首先，应将目标奖励与个人过程性奖励相结合。目标奖励依据教育者绩效考核结果与思想政治教育总体目标的匹配程度来实施不同等级的奖励，这是奖励机制的核心目标。除此之外，高校亦需关注思想政治教育工作者的个人成长过程，对其工作态度、热情、责任感等进行及时评价，并对那些表现出高度责任感和工作热情的教育者给予表扬和肯定性评价，以促进其在成长中感受到快乐和成就感。其次，应将物质奖励与精神奖励相结合，包括薪酬、职级、奖金等物质奖励，以及名誉、成就和先进等精神奖励。对于过程性奖励，应以精神奖励为主；对于目标奖励，则应同时包含精神与物质奖励。然而，从长远来看，精神奖励，特别是荣誉奖励，应占据主导地位，因为物质奖励的持久性有限。最后，应将集体奖励与个体奖励相结合，既要重视对教育者个人的奖励，也要关注对二级学院、基层系部乃至班级集体成绩的奖励。优秀的个体与先进的集体相辅相成，先进的集体往往孕育出杰出的个体。

作为一种积极的肯定手段，奖励机制普遍受到欢迎。然而，高校管理者和决策者在构建奖励机制时，也需留意几个要点：首先，奖励必须公平，不能因个人差异而有所偏颇；其次，奖励的措施和程序应预先公开，除非是重大业绩，应尽量避免事后临时因人因事设奖；最后，奖励应基于实际情况，量力而行，并有所区分，合理拉开档次。若无法满足上述要求，奖励机制不仅无法发挥促进努力向上的作用，反而可能产生负面影响，打击先进，鼓励落后，严重时甚至可能引起单位内部的不和谐。

（二）建立并严格执行必要的惩罚机制

相较于奖励机制，惩罚机制往往不那么受欢迎。受惩罚者不仅可能感到颜面受损，还可能产生抵触情绪。然而，奖励与惩罚机制实际上是组织管理中不可或缺的组成部分，高校管理亦是如此。两者相辅相成，恰当结合使用，方能更有效地加强队伍建设。虽然惩罚机制在短期内可能给违规者带来负面影响，甚至损害其直接利益，但若惩罚措施合理且运用得当，它同样能够促使教育者吸取教训，纠正错误，提升工作积极性和责任感，更好地关注和爱护学生。因此，构建和完善惩罚机制对于提升高校思想政治教育队伍的建设效果是至关重要的。结合高校人力资源管理的现实状况，我们认为：在建立和执行惩罚机制时，必须坚持以下原则。

1. 坚持适度原则

通常情况下，高校中的思想政治教育工作者在执行职责时所遇到的问题或失误，应被视为人民内部矛盾，属于可教育和可团结的范畴。目前，一方面，高校思想政治教育正遭遇诸多新的挑战与压力，其难度有所增加；另一方面，高校思想政治教育尚未获得其应有的重视。这两种情况在客观上会对思想政治教育工作者的工作态度和积极性产生影响，同时也会影响其工作成效的展现。因此，在制定惩戒标准时，管理者必须审慎行事，全面考虑导致思想政治教育工作者出现失误或违反纪律的主客观因素，坚持适度原则，以确定适当的惩罚等级。

2. 重在教育的原则

从人力资源管理的角度来看，高校设立的惩罚机制，其核心宗旨并非单纯的惩戒，而是旨在预防错误、纠正行为、挽救个体。在这个意义上，惩罚机制实际上也承载着教育的功能。通过适当的惩戒措施，可以对受惩戒者施加必要的影响，激发其内心的自我斗争，促使反思与自我审视，进而通过内省过程积极吸取经验教训，纠正不当行为，努力向善。因此，为了达成这一教育目的，高校的管理者，特别是受惩戒者所在学院及部门的负责人，在处理惩戒事宜时，必须细致入微地进行思想引导工作，密切关注受惩戒者的情绪变化和异常行为，及时提供指导和教育，力求避免给他们带来过重的心理负担。

3. 公平公正原则

鉴于惩罚措施可能对受罚者造成身心上的损害，故管理者及领导者在构建惩罚体系时，必须坚守公平与正义的原则。在对评估结果进行客观分析和精确判断之后，应严格依照学校既定的规章制度，对违规行为作出相应的惩戒决策。在此过程中，管理者应确保对每一位从事思想政治教育的人员实施公正对待，并依法行政。

四、健全队伍的职业发展机制

完善高校中思想政治教育队伍的发展机制，对于维护队伍稳定性、提升队伍素质以及增强高校思想政治教育工作的实际效果至关重要。从人力资源管理的视角出发，完善发展机制，确保思想政治教育者能够享有正常的职业发展机会，是激发教育者增强责任感和奉献精神、全身心投入高校思想政治教育工作的关键途径。从"以人为本"的理念出发，通过个人努力获得合理的职业发展机会是教育者的正当权益，管理者和决策层应积极营造条件，为思想政治教育者提供机制上的保障，确保其发展机会和权益不受侵害。

综合来看，思想政治教育者的职业发展应涵盖薪酬的保障与合理增长、职务与职级的合理晋升、职称的合理提升、素质培训及深造机会的获取等方面。这些均是思想政治教育者的合法权益，必须得到充分的保障和尊重。

就思想政治教育者的薪酬保障与合理增长而言，高校应坚持同工同酬的原则，确保辅导员、思想政治理论课教师的薪酬待遇不低于同等职称和职级的其他教师。科学计算辅导员的绩效工资，也需要高校制定明确的标准。鉴于辅导员与专任教师相比缺乏课时报酬，与行政人员相比工作时间几乎全天候，若仅以行政人员的平均薪酬作为计算基准，则无法全面反映辅导员的工作量。

在思想政治教育工作队伍的职称晋升和职务提升方面，高校亦需建立区别于其他专业课教师和行政人员的机制。以思想政治理论课教师为例，他们的平均课时负担远超其他专业教师，因此用于科学研究的时间和精力受限，职称评定时应兼顾其科研能力和实际承担的课时负担。高校应建立将公共必修课类教师与专业课教师分开进行职称评审的机制与制度，实行指标、序列、评议的独立设置，否则思想政治理论课教师在职称评审中将处于不利地位。以辅导员队伍的职务和职级晋升为例，高校也应确立相应的机制予以解决。自2004年《进一步加强和改进大学生思想政治教育的意见》发布以来，各类高校开始将辅导员纳入德育教师编制，并单独进行职称评定，同时在职务和职级晋升方面也制定了相应的规划，如一些高校规定辅导员可参照行政人员的晋升路径，正常晋升至科级、处级等。这种做法值得在所有高校中推广。然而，在确立职务和职级晋升或职称晋级机制时，高校还需考虑辅导员工作的实际情况，合理确定其科研等级。

五、健全流动机制

为确保队伍的持续活力，实现队伍成员的有序更替是至关重要的。这种更替分为两种情形：主动更替与被动更替。主动更替指的是在维持人员总数和职位总数相对稳定的基础上，高校能够促进思想政治教育领域的教师在系统内部不同岗位之间或与外部进行交流。例如，对于那些在思想政治教育领域服务一定年限且适应其他岗位工作的教师，可以通过调动、转岗、轮换或挂职锻炼等途径，将其安排至其他岗位。同时，从其他岗位引入既有意愿又符合任职资格的人员，以充实思想政治教育队伍。至于被动更替，则是指在经过多次考核后，若发现某些高校思想政治教育工作者不再适合继续从事思想政治理论课教学或辅导员工作，高校应采取适当措施，将其调整至其他岗位。无论是主动更替还是被动更替，高校都应建立一套常态化的机制，并设定明确的标准与条件，以确保这种更替过程有序且符合规划。

第五章 高校思想政治教育工作的长效机制建设

"机制"这一术语，原本指涉生物体内部各组成部分的构造及其相互作用、联系和制约的方式，确保各部分能够有序协作，进而实现整体功能的运作模式和运动法则。高校思想政治教育机制，特指基于高校思想政治教育系统内部各要素之间相互作用、相互制约、相互联系的联结方式所构建的工作体系。高校思想政治教育机制是一个相对复杂的体系，目前的研究尚浅显且存在一定的混乱。因此，深入研究并准确制定高校思想政治教育机制，是我们全面系统地研究高校思想政治教育的关键问题。特别是探讨如何提升高校思想政治教育的效能，是当前解决我国高校思想政治教育时代性问题的必要机制。

第一节 高校思想政治教育保障机制的加强

高校思想政治教育的有效实施，有赖于健全的保障体系。面对国际局势的不断变化以及国内改革的深化，加之政治、经济、文化和社会等多方面客观条件的影响与限制，高校思想政治教育所面临的挑战和难题呈现出复杂多变、源源不断的特点。与此同时，高校思想政治教育本身亦正经历一场深刻的变革——从过往依赖经验总结的工作方式，逐步转向制度化、规范化的运作模式。同时，各级党委和教育机构也在积极进行改革与创新，致力于构建一个科学化、综合化、体系化、全面化的高校思想政治教育体系。因此，构建一个科学合理、切实有效的高校思想政治教育保障机制显得尤为关键，这将为大学生的思想、政治和道德教育提供必要的保护、安全控制和坚实支撑。①

一、构建高校思想政治教育保障机制的必要性

(一)克服市场经济消极影响的客观要求

市场经济的兴起标志着社会发展的进步，然而其对人类社会的影响兼具积极与消极两面，我们必须发挥其优势，同时高度警觉其可能带来的负面效应。众所周知，随着中国特色社会主义市场经济体制的逐步建立和完善，中国社会经历了一场深刻的变革。在此背景下，高校大学生的价值取向和行为习惯也经历了显著的转变。我们有必要深入理解社会主义市场经济的发展对当代青年大学生生活和学习的深刻影响，特别是要全面认识市场经济可能带来的逆向和消极影响，以及这些影响对高校德育工作的潜在威胁和挑战。

首先，市场经济的开放性可能带来的消极影响。市场经济本质上是一种开放的经济体系，随着社会主义市场经济体制的深化和对外开放的扩大，西方一些不良的思想和生活方式有了可乘之机。由于大学生的社会经验和思想认识尚不成熟，他们可能对西方文化产生表面的认同，从而在思想观念、生活观念、消费观念上发生显著变化，这对大学生产生的负面影响是显而易见的。

其次，市场经济的求利性可能带来的消极影响。市场经济是一种注重效益的经济体系，其求利性容易导致人们形成不良的价值取向。加之社会主义市场经济体制仍在不断完善中，一些适应这种经济的规则和制度尚未健全，这给高校德育工作带来了不小的挑战。

最后，市场经济的竞争性可能带来的消极影响。市场经济是一种竞争性的经济体系，竞争是市场的基本规则，优胜劣汰是市场经济的基本法则。随着市场竞争加剧，我国人均收入水平和区域发展差距的扩大，导致大学生之间家庭经济条件的差异，进而影响他们对社会的认同程度和心理期待。这种现象在大学生中日益凸显，引起了学校相关部门的高度关注和警觉。

市场经济的消极影响导致人们在追求经济利益的过程中，往往过分

①雷志成. 高校思想政治教育面临的时代性问题研究[M]. 长春:东北师范大学出版社,2018.

关注物质生活的满足而忽视精神世界的建设，过分关注个人利益的得失而忽视他人，从而导致社会道德水平的下降等问题。这些问题与大学生思想教育的目标背道而驰。当高校的积极教育与社会经济的消极影响发生冲突时，仅依靠高校教育活动往往难以应对。因此，我们需要发挥社会主流价值观对大学生的引导作用，发挥相关法律制度对大学生的规范约束作用，发挥人力、物力、财力等资源对高校德育的支撑作用，发挥家庭、学校、社会的综合环境建设对大学生的熏陶作用。这些措施正是保障机制发挥作用的体现，是其展现防护能力的方式。综上所述，构建和完善高校思想政治教育的保障机制，必须有效整合社会各种资源和力量，紧密联系社会各界人士，逐步形成思想政治教育的坚固防线，帮助大学生有效抵御市场经济的负面影响，确保他们树立科学、合理、稳定的世界观、人生观和价值观。

（二）应对信息化与新媒体时代机遇和挑战的迫切需求

随着网络与信息技术的迅猛发展，新媒体的普及应用，信息化与数字化正深刻地影响并改变着社会生活的各个方面。互联网已然成为人们交流思想、观点碰撞与融合的重要平台。这一现象为大学生的思想政治教育提供了难得的机遇，同时也带来了不容忽视的挑战。

1. 信息化与新媒体给高校思想政治教育带来的机遇

首先，网络信息的丰富性极大地丰富了高校思想政治教育的素材。网络的开放特性使得信息内容多样化，不再仅限于传统的电视、报纸、杂志和书籍等媒介。通过充分利用网络资源的广泛性和丰富性，我们能够更新教育内容，增强其多样性和生动性。

其次，新兴媒体的多样性拓展了高校思想政治教育的平台。新兴媒体的多样性体现在以电脑、手机等通信工具为媒介，以微信、微博、网络直播、QQ等通信软件为载体，极大地扩展了高校思想政治教育的平台和空间。例如，高校官方微博、公众号、QQ群的建设，促进了大学生与管理者之间的双向交流，推动了正确思想的传播。这不仅使大学生能够及时掌握学校动态，也使学校能够迅速了解学生的想法，无形中缩短了教育者与受教育者之间的学习和情感距离。

2. 信息化与新媒体给高校思想政治教育带来的挑战

首先，网络言论自由化可能导致大学生中"网络暴民"现象的增多。尽管网络为人们提供了表达个人意见和思想的空间，但同时也容易引发言论的过度自由化、随意化以及不负责任的倾向，从而促使大学生中"网络暴民"现象及其数量的增长。

其次，网络信息的碎片化可能导致信息内容的不完整和失真。网络信息碎片化指的是现实事件和活动在通过网络传播时，信息内容被肢解、分散和选择性呈现，这在很大程度上导致了网络信息的不完整性以及失真性。

最后，新媒体传播的即时化增加了甄别和控制不良信息的难度。随着新媒体平台的传播速度日益加快，网络传播的即时化成为一种趋势。在自媒体、融媒体、全媒体、微媒体时代，网络消息一经发布便迅速扩散，这显著增加了识别、控制和屏蔽不良信息的难度。

在互联网快速发展的当下，新媒体技术的不断涌现，海量信息内容通过多种媒体平台传播，为人们提供了更多获取教育资源的途径，提供了交流思想的工具和媒介，增加了不同地区、不同学科领域优秀文化对话的机会。构建高校思想政治教育保障机制，有助于大学生更好地利用网络资源，通过各种物质的、精神的、有形的、无形的保障措施和手段，帮助人们从网络中获取有益内容，将网络转变为思想政治教育的新阵地，为大学生德育工作开辟新的途径和平台。

与此同时，由于缺乏必要的监管和控制，网络和多媒体在人为作用下可能扮演不光彩的角色，大量不良信息、有害信息、病态信息等借助网络和多媒体传播，对大学生产生了严重的误导和危害。构建高校思想政治教育保障机制，通过技术手段、制度规范、思想引导等保障措施，可以助力大学生有效抵制网络有害信息的干扰和侵害，学会正确使用网络、文明上网，共同营造一个清洁和谐的网络环境，为大学生德育建设注入新的活力。

（三）实现机制自身协调可持续发展的重大举措

当前，高校思想政治教育正积极推进，并取得了显著成效。然而，该领域亦面临诸多新挑战和困境。其中，一个突出的问题是高校思想政治教育保障机制尚不健全，这在一定程度上制约了教育工作的进一步发展和有效实施。

(四)增强高校思想政治教育实效性的必然选择

构建高校思想政治教育的保障机制，对于提升思想政治教育的实效性具有重要意义，其积极效应主要体现在以下两个方面。

第一，确保党对高等教育的领导地位，是实现高等教育改革和发展目标的关键。在对大学生进行思想政治教育的过程中，高等学校扮演着核心角色。高校党委作为高校思想政治教育的中心组织，同时也是高等教育管理的关键环节。当前，我国高等教育正处于深化改革、加速发展的关键时期，高等教育正从封闭走向开放，从独立体系走向与社会融合的大趋势。这一转变导致高等教育的领导与管理体制呈现多元化趋势。因此，加强高校思想政治教育的保障机制建设，实质上也是加强高等教育领导管理体制的建设。在高等教育逐步从专业教育向素质教育转变、从共性要求向个性发展转变、从"学校办社会"向"社会办学校"转变的过程中，强化高校党委的领导核心作用，确保党对高等教育的领导和指挥，有助于在党委的有力领导下，确保高等教育改革和发展目标的实现。

第二，确保高校思想政治教育目标的实现，是提升教育质量的重要途径。高校思想政治教育是一项实践性很强的工作，其任务的有效完成不仅依赖于教育者与受教育者之间的良性互动，还需要一系列制度作为支撑。任何实践工作若缺乏有效的体制保障，无论工作主体如何努力，都难以达到预期效果。因此，在高校思想政治教育工作中建立完善的保障机制，完善保障机制的各个组成部分，并充分发挥其功能，将使整个思想政治教育工作处于良性循环状态，从而提升思想政治教育的质量和效果。这将有助于提高大学生的整体素质，最终促进他们的全面发展和成才。

二、高校思想政治教育保障机制的主要构成

保障机制，简而言之，是确保工作得以正常且有序开展的关键前提。在高校思想政治教育领域，建立保障机制的核心内容涵盖物质保障、组

织保障以及人力资源保障三个方面。

（一）物质保障

高校思想政治教育的顺利进行，需依赖于大量的物质资源和充分的经济支持。经济保障的重要性体现在两个方面：首先，它是确保大学生思想宣传和政治活动得以有序进行的物质基础。一方面，高校思想政治教育作为高校管理的重要组成部分，涉及行政管理、科研活动、教育实践等多个方面，需要大量的人力、物力和财力投入。只有这样，学校才能配备必要的基础设施和条件，为高校思想政治教育提供必需的空间和资源，从而保障各相关机构工作的正常运行。另一方面，充足的经济投入是大学生开展社会实践活动的先决条件。社会实践活动对于提升大学生思想政治素质具有不可忽视的作用。确保经济投入的落实，可以保障高校各项实践活动的有序进行，激发大学生积极参与社会实践，通过实践不断强化创新意识和提升创造能力。其次，经济保障是提升大学生政工队伍积极性的关键手段。思想政治教育活动的核心在于打造一支精干高效的教育队伍，而必要的专项经费则是构建这支队伍的物质基础。通过充分的经济保障，可以确保大学生政工人员的待遇逐步提高，激发他们的工作热情，使他们能够安心工作，各尽其责，确保队伍的稳定性，进而促进高校思想政治教育任务的顺利和有序完成。高校思想政治教育工作的物质保障，指的是实施教育所必需的物质条件，具体包括基本建设、经费投入和活动基地建设等方面。

1. 基本建设

推进高校思想政治教育工作，必须依赖于特定的场所、设备及设施。首先，高校思想政治教育活动的开展，需依赖于固定的办公场所。鉴于影响大学生价值观教育的因素日益增多，以及越来越多的学生需要单独进行思想交流，新增的心理辅导职能、就业指导职能等，均需专门的办公空间。其次，开展高校思想政治教育活动，需配备必要的办公用品。在新形势下，高校思想政治教育形式日益多样化，包括传统讲座报告、内容丰富的参观访问、观看电影录像，以及形式多样的社会实践活动和社团活动。因此，除了必要的办公场所及办公所需的电脑、打印机外，还应配备照相机、摄像机等音像器材设备，以提升教育活动的趣味性和实效性，便于资料的存档备查。最后，高校思想政治教育活动的开展，需依赖于适当的教育活动场地。高校思想政治教育与多种活动相结合，既需要不同规模的会议室、报告厅以举行座谈、讲座、报告等活动，又需建设一定的宣传设施和场所，如文化长廊、宣传栏、校报、校园广播站、网络中心等，这对高校思想政治教育工作的开展将产生巨大的积极影响。

2. 经费投入

资金支出是高校中思想政治教育活动不可或缺的一环，亦是大学生培养成本核算体系中不可或缺的组成部分。资金的充足与否直接关系到思想政治教育工作的成效，以及各项任务是否能够实现既定目标。国家财政拨款的预算应当合理设定，确保思想政治教育工作能够顺利进行。然而，根据目前的状况，思想政治教育在高校中并未获得充分的资金支持，这限制了相关活动的开展。就资金来源而言，高校不应仅依赖于国家拨款，而应积极拓展筹资途径，以增加收入。

此外，鉴于我国实行的是社会主义制度，社会主义的核心原则之一是为那些出生时经济条件不利的公民提供平等的教育机会和就业前景，确保所有孩子都能站在同一起跑线上，保障每个公民在公平的环境中竞争。因此，在具体措施上，必须建立并加强高校与社会慈善资助机构之间的联系，切实完善大学生助学贷款、奖学金和助学金的制度体系。

3. 活动基地建设

在新的环境背景下，高校思想政治教育亟须创新其工作模式。我们应当持续拓展思想政治教育的途径，采纳多样化的教育方法，充分利用各类资源，并且深化思想政治教育的内涵，扩展教育实践活动。

（1）加强社会实践基地建设

目前，社会实践已成为大学生教育中最为普遍的方式之一。通过参与社会实践教育活动，大学生能够全面提升个人素质。教育管理部门与高等院校应致力于构建多样化的教学与科研基地、职业技能及创业能力实训基地、社区参与基地以及勤工助学基地等。通过这些社会实践教育平台，能够有效地培养大学生的综合能力。

（2）强化爱国主义教育基地的建设

历史博物馆与红色纪念馆作为爱国主义教育的核心场所，承担着向大学生展示历史文化知识的重任，进而对他们进行爱国主义、集体主义和社会主义的教育。因此，高校应当在节假日及重要的历史纪念日，组织学生参观这些爱国主义教育基地。通过观赏图片、阅读文字、观察建筑等方式，大学生能够提升自己的思想政治素养和爱国情感。

（3）强化实训及素质拓展基地的建设

开展实践训练与素质拓展活动，已成为大学生所青睐的活动方式之一。通过在基地接受的专业技能和创业能力培训，学生不仅能够增强实际操作技能，培育创新思维，还能提升面对挑战的勇气，强化队伍协作意识，以及提高人际交往的技巧。在高校日益重视内涵建设的背景下，教育行政部门应当与高校加强协作，积极构建大学生实践训练基地，以促进高校思想政治教育的深入开展。

（二）组织保障

1. 组织保障机制的构建思路

"全员育人"构成了我国高校在思想政治教育领域改革的核心理念。以往，高校思想政治教育主要依托于负责马克思主义理论教学的部门以及学生事务管理部门。然而，随着时代的演进，我们必须在思想层面和实际行动上进一步强化高校"以育人为本，德育为先"的教育理念，确保思想政治教育全面渗透至学校工作的各个领域，并贯穿于教育教学的全过程。

高校相关党委部门应承担起引领思想政治教育正确方向的重任，重新确立工作理念与目标，并推动大学生德育与智育的协同发展。具体而言，马克思主义理论教学部门需专注于理论教育的深化；学生事务部门及共青团组织应致力于帮助学生树立社会主义核心价值观；各院系的专业课教师应将思想政治教育内容融入专业教学之中；学校管理与服务部门应在各自岗位上发挥示范作用，树立正面典范；学校宣传部门则应构建并维护传播社会主义主流价值观的文化平台。

2. 构建组织保障机制的原则

遵循特定原则，有助于我们更有效地完成任务。因此，我们必须依据高校思想政治教育的核心目标及其所面临的客观现实情况，结合高校思想政治教育组织保障的主要职责，明确地阐述构建高校思想政治教育组织保障的原则。这不仅能够指导高校德育管理活动，还能提升组织管理的效率。构建组织保障机制的原则主要包括三个核心要素。

首先，组织管理的有效性原则。高校思想政治教育的组织架构及其开展的教育实践，旨在实现高校培养人才的目标。组织结构的构建、工作内容的分配以及人员的配置，均旨在高效地规划和安排高校思想政治教育工作，这是组织管理有效性原则的核心体现。

其次，统一指挥与自主创新相结合的原则。高校思想政治教育必须在党委统一领导、党政共同管理的体制下进行。思想政治教育工作者应服从上级的安排，而领导者则需经过统一协商后，将工作部署下去。组织的管理者与执行者必须保持高度一致性，以确保组织内部工作的有序进行。同时，鉴于高校思想政治教育工作环境的复杂多变、教育对象的多样性以及需要处理的事件的不断涌现，思想政治工作者应在尊重实事求是和统一指挥的原则下，积极发挥主观能动性，灵活应对高校思想政治教育中的突发事件和紧急情况。

最后，坚持权力与责任相统一的原则。为避免组织内部出现权责不明、互相推诿的情况，必须对组织内部的权力与责任进行明确的界定和划分。通过将组织内部的职责与职权统一起来，可以避免渎职和权力私用的风险，从而确保高校思想政治教育组织的高效运作。

3. 构建组织保障机制的路径选择

组织动态上涉及将分散的个体或资源整合成具有系统性和整体性的结构，而静态上则指基于特定宗旨和协作关系所形成的具有系统性和整体性的机构。为了推进高校思想政治教育工作，首先需确立组织管理的目标，随后根据实际需求对人员和资源配置进行优化，并明确它们之间的相互作用。最终，依据具体工作内容开展组织管理活动。总体而言，关键在于整合教育的关键要素，完善组织架构，为高校思想政治教育提供坚实的组织保障。

（1）建立教学组织保障机制

高等教育中的思想政治教育活动主要在教育主体与客体之间展开，

然而，我们应当认识到，这些活动并不仅限于主体与客体之间的互动。教育活动在一定程度上也受到其他因素的影响。例如，保障机制的关键部分能够对教育主体和客体进行规范，影响教育活动的内部运作机制，并构成各种教育机制运行的基础。在我国高校思想政治教育的长期实践中，已经建立了相应的教育组织保障体系。但是，鉴于当前国内外社会环境的变化以及不同高校办学模式的多样化，加之大学生思想观念和行为方式的持续演变，高校思想政治教育的需求已经发生了转变。在社会转型的大背景下，我们有必要对我国思想政治教育的组织体系进行适当的调整，重新评估高校思想政治教育的功能与优势，并探究高校思想政治教育的内在规律。基于此，我们应对教育组织结构进行相应的调整。

（2）建立和完善高校思想政治教育行政运行系统

高校思想政治教育行政体系，承担着规划、决策、执行以及实施思想政治教育的任务，是在校长领导下的行政架构。为了促进大学生的全面发展，必须构建以校长负责制为核心的思想政治教育体系，将思想政治教育与教学、管理活动紧密融合，实现统一规划、统一检查和统一评估，确保党委统一领导下的党政共同管理的领导机制得以完善。同时，高校行政部门在思想教育和政治宣传方面的作用日益显著，其主要职责在于执行思想政治教育的规划、任务和活动。因此，建立和完善高校思想政治教育行政运行体系显得尤为重要，需要将思想政治工作与行政工作相结合，特别强调行政部门在思想、政治和道德教育方面的职能。首先，高校行政管理干部在履行行政职责的同时，应密切关注师生的思想状况，确保管理工作与德育工作并重；其次，行政管理干部应发挥模范带头作用，坚定教育者的角色定位，致力于将思想政治教育融入管理实践之中，成为大学生思想行为的典范；最后，应建立长效工作机制，为大学生的政治教育提供充分的资源支持和优良的教育环境，致力于营造一个教书育人、管理育人、服务育人的综合工作氛围。

（3）努力构建高校思想政治教育的合力机制

高校思想政治教育的合力机制，是指在党委统一部署和党政共同管理的基础上，高校教育职能机构及各类教育力量之间相互联系、紧密协作所形成的综合作用与调节方式。一方面，思想政治教育的管理机构需形成协同效应，这包括党委组织、行政部门、团委、学生处以及各院系部门之间的共同努力与明确分工，同时保持相互间的配合；另一方面，思想政治工作者之间也需形成协同效应，通过高校党政干部、共青团干部、两课教师、班主任、辅导员等不同教育力量的紧密合作，共同构建强大的教育凝聚力。尽管各教育力量在实施教育时采取的路径和方法各异，但他们的目标是一致的，即致力于提升大学生的思想政治教育水平。因此，这些教育力量之间必须保持积极的沟通与交流，以实现教育任务的高效与省力完成。综上所述，高校思想政治教育是一项需要人来组织和实施的实践活动，只有通过各部门、各组织、各教育力量之间的密切沟通与良好合作，形成合力机制，才能有效提升思想政治教育的整体效能。

（三）人力保障

人力资源保障是指为了强化和提升高校思想政治教育，而构建的一支由高素质、高水平的思想政治教育工作者及教师组成的队伍。在高校中，思想政治工作队伍的核心由学校的党政干部、共青团干部、两课教师、专兼职辅导员和班主任构成。从事思想政治工作的人员，既是党的队伍的组成部分，也是教师队伍的组成部分。这一队伍的性质和职能得到了明确界定：学校党政干部和共青团干部负责学生思想政治工作的组织管理和活动协调；两课教师则依据学科和课程内容，遵循培养人才和促进大学生全面发展的目标，对学生进行思想、道德和人文素质教育；班主任和辅导员则承担着高校思想政治教育的关键职责，他们是思想政治宣传与教育的具体执行者，与学生近距离接触，开展思想和道德教育工作。专兼职辅导员根据党委的安排，有计划、分阶段地执行思想政治教育任务；班主任则在学习、生活、心理等方面对学生进行指导和帮助。

为满足提高素质、优化配置、稳定结构的需求，应广泛选拔德才兼备并具有工作热情的中青年干部，以充实思想政治教育工作队伍；同时，注重培养具有专家化、职业化的专职政工干部，以专兼职结合为基本原则，采取有效措施，培育一批政治立场坚定、理论基础扎实、勇于创新、善于实践、具有奉献精神的教育工作者和社会活动家。此外，思想政治工作志愿者作为潜在力量，应受到重视，成为加强政工队伍的后续力量和预备军。因此，必须建立和完善思想政治教育专职队伍的激励和保障机制，消除他们的后顾之忧，并提供更多的发展机会，注重人才储备和培养的持续性。

第二节　高校思想政治教育评价机制的优化

高校思想政治教育的评估工作，乃高校思想政治教育活动不可或缺的关键环节，亦是该活动的最终阶段。通过客观、全面、科学地评价高校思想政治教育活动的成效，对于梳理思想政治教育的经验教训、纠正活动过程中出现的偏差与错误，具有显著的促进作用，进而有利于思想政治教育活动的顺利进行。[①]

一、高校思想政治教育评价的原则

(一)公开、公平、公正的原则

公开性体现在评价方式、方法以及评价对象的透明度上；公平性则关乎评价的起始点与标准是否均衡；而公正性则涉及评价过程中基本价值取向的合理性。

1. 公开原则

在对高校思想政治教育工作进行评价的过程中，确保透明度是基本原则之一，必须得到严格执行。同时，评价机制应兼顾多维度和目标导向性。在高校思想政治教育工作评价模式中，透明度的实现意味着必须有针对性地、多维度地公开相关信息。若以思想政治教育工作的评估本身为参照，公开的内容包括评估方法、评估对象、评估内容等；若从更广泛的视角来看，透明度还涉及评估过程的公开性以及监督评估的主体等。必须明确，公平和公正的实现必须建立在透明度的基础之上，缺乏透明度将直接导致公平和公正的丧失。

---

①张旭日. 高校思想政治教育评价机制完善对策探析[J]. 高等农业教育，2017(06)：24-28.

2. 公平原则

公正性乃高校思想政治教育评估工作之核心保障。公正性并非空泛之概念，而是具有明确内涵的公正。结合思想政治评估工作的特性，公正性主要涵盖起始点、评价标准及结果的公正。起始点的公正性强调评估基准的公平性。对于评估对象而言，若处于不同基准点而采用同一评估方法，所得结果将缺乏可比性与普遍意义。具体而言，起始点的公正性要求评估项目统一、评估对象一致，且所设定的评估指标亦应相同。尺度公正，亦称标准公正，指的是评估过程中所采用的评价标准、指标及指标体系的公正性。基于内容维度，指标准、指标及指标体系的运用须体现公正性。结果公正性则意味着评估结果能够以统一方法进行度量与验证。结果公正性表明，评估的最终结果是依据预先设定的标准进行归纳与演绎得出的，且对所有评估对象均具有适用性。

3. 公正原则

公正原则乃高校思想政治教育评估工作之核心评价基准，一旦丧失公正原则，将直接引发评估失衡及结果失真。公正原则涵盖对人的公正、对事的公正、程序的公正以及方法的公正。所谓对人的公正，即评价模式对所有评价对象均具普遍适用性，不受评价对象的民族、职称、身份、出身等差异影响，确保评价不受评价者主观意愿或被评价对象差异之干扰。对事的公正，则要求思想政治教育评估工作参与者须正视本职工作，摒弃一切偏见与私心杂念；评价者应专注于事实本身，避免将个人偏见或无关因素带入评估过程，防止个人恩怨影响公正性。为确保对事公正，评价工作人员的思想道德素质及其选拔机制显得尤为关键，作为重要的制约与保障。

（二）和谐原则

和谐原则是以和谐理念为指导核心，坚持融洽与协调为基本要求，用以评价高校思想政治教育过程及其成效的标准。

1. 高校思想政治教育的灵魂、核心是和谐

思想政治教育深刻体现了和谐的理念，其实施内容和追求目标均以和谐为核心。换言之，思想政治教育的本质属性和要求即指向和谐。因此，在评价高等教育中的思想政治教育时，我们应当坚守和谐的原则，

否则，评价过程可能会失去方向，甚至与预期目标背道而驰。

2. 评价坚持和谐原则，才能促进高校思想政治教育的完善与发展

评价并非终极目标，而是作为促进思想政治教育完善、进步与发展的工具。然而，并非所有评价均能有效地发挥其推动与促进作用。唯有当评价手段与既定目标相契合，并有利于目标实现时，方能充分发挥其推动与促进的效能。坚持和谐原则，有助于以和谐为标准来评价高校思想政治教育过程，使之更加完善，效果更加显著，从而进一步推动思想政治教育工作的完善与发展。

3. 和谐原则对其他评价原则有决定和影响作用

思想政治教育评价的原则众多，然而，所有评价原则均源于思想政治教育的本质，并致力于其实践与发展的推进。和谐原则深刻地揭示并反映了思想政治教育的核心特质，并对其他评价原则具有决定性及影响性作用。换言之，所有评价原则均应以和谐理念为引领，遵循融洽与协调的准则。秉持评价的和谐原则，须遵循以下几点要求。

首先，评价活动应以和谐理念为指导。鉴于和谐乃高校思想政治教育之精髓、核心与目标，且我们坚持和谐评价原则，评价的整个流程必须以和谐理念为导向，即聚焦于和谐、重视和谐、追求和谐，使评价过程成为传播和谐、增进和谐的过程。

其次，评价应同时关注教育结果与过程的和谐。虽然评价首先着眼于结果，因为结果是人们追求的目标，但结果与过程是相辅相成的。特别是在思想政治教育领域，若缺乏过程的和谐，则难以实现结果的和谐。因此，必须坚持和谐原则，同时关注教育结果与过程的和谐。

再次，评价活动的实施须保持和谐。评价能否发挥其推动与促进功能，关键在于评价的实施。实施和谐评价依赖于多个因素，主要包括评价主体的合理性、关系的和谐性；评价方法的正确性；评价指标的适当性。在坚持和谐评价原则的同时，必须关注上述因素，并妥善处理它们之间的关系，确保它们能够充分发挥作用。

最后，评价活动的效果须保持和谐。前面已阐述，评价乃手段而非目的。此手段是否符合目的，是否有利于目的的实现，取决于评价的效

果。评价效果既受评价的指导思想与实施的影响，又取决于评价作出的判断是否客观、公正。因此，坚持和谐原则，必须确保评价判断的客观性与公正性，以使评价能够发挥促进和谐的效果。

（三）全面原则

全面原则，亦即全面评价原则，意味着高校思想政治教育评价应当坚持全方位、多维度的评估。具体而言，评价工作需涵盖两大主要方面：既对教育成效进行评估，也对教育过程进行评估；在过程评估方面，既需对教育内容进行评价，也需对教育的方式和方法进行评价；在结果评估方面，则需对受教育者的思想状态和心理状况进行评价，同时也要对受教育者的行为表现进行评价。

1. 和谐是多种因素不断进行协调和统一的过程

在对高校的思想政治教育进行评价时，必须全面审视其各个层面，考察多种因素的状况及其功能的实现，以及这些因素之间的相互关系是否协调一致。

2. 思想政治教育的成效由多方面显现

高校在进行思想政治教育评估时，必须采取宏观视角，对思想政治教育的整个实施过程及其产生的社会效应进行全面审视与评价，以避免陷入片面的形而上学思维模式，即仅关注局部而忽视整体，或仅关注整体而忽略局部。思想政治教育的成效是一个多维度的复合体，从个体层面来看，它涵盖了思想认识、心理素质、行为习惯等多个方面，以及这些方面所产生的客观效果；从社会层面来看，它包括政治、经济、文化等多个领域，以及社会生态和社会可持续发展的状况；从思想政治教育本身来看，它既包括已经完成的教育过程及其成效，也包括未来思想政治教育的进一步发展。因此，在进行评价时，不应仅限于对某一特定方面或角度的评估，而应采取全方位的评价方法。

3. 思想政治教育的成效是多因素共同作用的结果

高等教育中的思想政治教育是一项复杂的活动，它要求多种要素的共同参与，并且这些要素需要协调一致地发挥其作用。例如，它不仅需要恰当的教育目标、内容、媒介和方法，还要求有一个积极协调的教育环境；不仅需要教育者具备真诚的情感和强大的教育能力，还要求教育者能够身体力行，以身作则。因此，只有通过全面的评估，我们才能准确掌握高等教育思想政治教育中各种要素的真实状况。

4.全面评价能细辨优劣,促进思想政治教育的发展

在高校思想政治教育活动中，众多要素须协调一致，全面评价能够细致地辨识和区分各要素及其相互关系的优劣，明确存在的问题，进而采取针对性措施，以促进高校思想政治教育的健康、和谐、持续发展。坚持全面评价原则，须遵循以下要求。

首先，评价指标必须全面。指标作为规定的目标，是衡量高校思想政治教育中各项工作和活动的标准。只有确立了标准，才能便于进行衡量。因此，全面评价要求具备全面的指标，并依据这些具体指标逐一、认真地进行评价。

其次，评价主体须全面。人的本质在于其社会性，人们在各种社会关系中存在；任何单位、团体也必然参与社会活动，在与个人、其他单位、团体的关系中展现其社会性及社会作用。因此，对高校思想政治教育进行评价时，应让所有知情者——即被评价对象的关系者——成为评价主体，以确保评价的全面性，有利于克服评价的片面性和主观性。

再次，评价资料须全面。资料是评价的依据，全面评价要求全面收集资料，资料越全面、详尽，评价就越准确、客观。全面的资料包括教育活动各个方面的资料，以及反映教育成效的资料；既有直接资料——可以直接查获、取得的资料，又有间接资料——来自非教育主体的资料，这些资料有时可能更客观、真实。

最后，评价过程须全面。评价活动作为一个过程存在和进行，全面的评价要求有全面的过程，即评价的各个方面的工作须做足、做实、做细，而非仅是形式主义。例如，确定适宜的评价模式、方法、指标，全面、详细地掌握评价资料，对获取的资料认真、仔细地核实与查证，对评价中的各项工作坦诚地征询多方面的意见、建议等。过程的全面是全面评价的重要保障。

二、建立全新的高校思想政治教育评价模式

评价模式不仅映射出思想政治教育的形态特征，而且对特定形态的思想政治教育产生反向作用，同时为评价活动提供了易于操作的框架。

我们坚信，高校在思想政治教育领域所采用的评价模式主要包括质量结合模式和自我评价与他人评价相结合的模式。

（一）质与量相结合的评价模式

所谓质与量相结合的评价模式，是指将定性评价与定量评价相结合的模式。换言之，在高校思想政治教育评价过程中，必须对评价对象进行全面和性质的综合分析，以鉴别和判定思想政治教育实践效果的性质；同时，亦需采用数据形式对评价对象进行量化分析，通过对表现出来的数量关系进行整理分析，从而在数量上相对精确地掌握思想政治教育实践效果的状况。

1. **质与量相结合评价模式的优势**

高等教育中关于思想政治教育评估的主张，提倡采用质与量并重的评价模式，其依据主要包含以下几项：

（1）事物都是质与量的统一

唯物辩证法主张，事物均蕴含特定的质的规定性，并具有相应的量的特征，二者相辅相成，构成事物的本质统一。因此，在对高校思想政治教育进行评价时，必须兼顾其质的内涵与量的指标，以确保评价过程遵循事物发展的客观规律，从而实现评价的客观性、准确性与和谐性。

（2）量的评价必须以质为前提

数学、统计学以及计算机科学的进步为高校思想政治教育的量化评估提供了坚实的基础，而量化评估方法在实际应用中也逐渐得到采纳。然而，必须认识到，定性分析是定量分析的前提条件，也是其结果的体现；若脱离了定性分析，定量评估将失去其应有的价值和意义。

（3）仅有质的评价难以精确

传统的评价方法侧重于质量评估，然而这种做法往往过度依赖于个人经验和主观感受，从而可能引发评价的随意性。因此，单纯依赖质量评价难以达到精确性，这种做法缺乏科学性和系统性。

（4）质与量结合的评价才准确

质是区分不同事物的固有属性；而量则是维持事物本质特征的属性。质的评估旨在辨识优劣，以认识其固有特性；量的评估则旨在确定优劣的程度，对具有相同本质特征的对象进行精确鉴别。因此，只有将质与量的评估相结合，才能达到准确和协调的评价效果。

2. 质与量相结合评价模式的程序

通常情况下，结合质与量的评估模式遵循以下操作程序：

首先，通过观察、倾听和询问来形成初步印象，从而获得初步的质量评估。在对高校思想政治教育对象进行评价时，无论是对个体还是群体，评价者首先需要通过观察评价对象的外貌和状态、倾听其汇报以及询问关于教育安排和效果等问题，从而对评价对象形成初步印象和初步的质量判断。

其次，通过查阅、调查和访问来深入分析，以获取充分的量化数据。在形成初步的质量判断之后，评估工作进入了一个关键阶段——深入的分析与了解。这一阶段主要通过查阅相关文本资料、进行调查和访问来实现。查阅资料涉及对评价对象提供的反映评估情况的文本资料的审查；调查则是对文本材料和在观察、倾听、询问阶段所了解的情况进行核实和查证；访问则是深入到受教育者中去，以掌握更具体的情况。通过这些方法，可以获取充分的量化数据。

最后，依据量化数据来研究质量，实现质与量的结合。在获得初步的质量评估和充分的量化数据之后，依据量化数据来分析和研究质量，从而对质量做出更为精确的判断。只有将质与量相结合，才能达到更为客观和真实的评估结果。

3. 质与量相结合评价模式的基本要求

高校在进行思想政治教育时，应妥善运用质与量相结合的评价模式，其基本要求包括以下几个方面：

（1）质的判断必须以量为基础

在质量综合评价模式中，初步的质量评估可能缺乏充分的数量支持。然而，即便在这一阶段，质量评估亦是建立在通过观察、倾听和询问所获得的一定数量基础之上的；否则，质量评估将缺乏依据。当收集到足够的数量数据后，进行质量综合评价时，质量的判断无论是对特定质量水平的评估还是对不同质量的比较，都必须以数量数据为支撑。否则，对质量的判定将难以做到客观和准确，也难以令人信服。

（2）进行量的分析要充分

在结合了质与量的评价模式中，量的维度同样占据着至关重要的地位，它不仅对质的范畴进行界定，而且有助于精确和确定质的属性。因此，在进行量的分析时，必须实事求是，严谨细致，确保掌握充分且真实的量的信息，并对量的分析与研究进行深入和周密的探讨，以避免形式主义的倾向。

（3）进行质的判断要谨慎

初始阶段的质量评估在整体评价过程中扮演着基础性和指导性的角色；而最终阶段的质量评估则是对评价对象质量的定性结论。无论是在评价的早期还是在后期，质量评估都具有决定性的重要性。因此，在进行质量评估时，必须采取谨慎态度，力求评估的客观性和准确性。否则，评价结果可能会出现偏差，同时也会给评价对象带来严重的负面影响。

（4）量的分析必须以质为前导

在综合考量质与量的评价模式中，尽管对数量的分析具有其重要性和必要性，但数量分析必须建立在质量分析的基础之上，并受其指导。换言之，必须明确所分析的数量是属于何种质量范畴。若脱离了定性评价的定量分析，将失去其现实意义。

（二）自评与他评相结合的评价模式

自我评价与他人评价相结合的评价模式，是指将评价对象的自我评价与其他评价主体的评价综合考量的评价模式。具体而言，被评价的教育者或受教育者（在实际评价过程中，通常更多地评价受教育者，因为受教育者的情况及其表现能够直接反映高校思想政治教育的成效；即便是对教育者的评价，也主要是通过评价受教育者的情况来进行）进行自我评价，而其他评价主体——包括教育者、领导、专家或相关人士——对评价对象进行评价。通过综合这些方面的评价，形成最终的评价判断。

1. 自评与他评相结合评价模式的优势

高校思想政治教育的评价体系之所以推崇自我评价与他人评价相结合的方式，主要基于以下几点原因：

首先，结合自我评价与他人评价的评价机制能够有效激发和调动评价对象的积极性。鉴于评价对象对高校思想政治教育的实际情况最为了解，而以往的评价体系往往未能充分或根本未让评价对象参与其中，导致评价结果的不精确性，且难以获得评价对象的积极认同。因此，采用自我评价与他人评价相结合的方式，让评价对象参与评价过程，有助于提升其积极性，使其更易于接受评价结果，并能更主动地投入思想政治教育活动中。

其次，自我评价与他人评价相结合的评价方式更能确保评价的客观性和准确性。评价的目的在于准确掌握思想政治教育的实际情况，并推动教育活动的深入发展。评价对象作为教育活动的主体和直接参与者，对教育过程及其成效有着深刻的理解，因此自我评价是必要的。然而，部分评价对象可能缺乏坦诚和谦逊的态度，甚至存在自我夸大或弄虚作假的行为。因此，仅依赖自我评价是不够的，需要他人评价来确保评价的客观性。自我评价与他人评价相结合，才能使评价结果更为客观和准确。

再次，自我评价与他人评价相结合是对传统思想政治教育评价体系的改革与创新。如前所述，应鼓励评价对象参与评价过程。特别是在当前社会，人们愈发重视以人为本的原则，自主意识、民主意识和参与意识普遍增强，仅依靠他人评价将评价对象视为被动客体的做法，已难以获得评价对象的认同。因此，思想政治教育提出了自我评价与他人评价相结合的评价模式，以改革以往不合理的评价体系。

最后，自我评价与他人评价相结合的评价方式才能达到和谐。尽管评价对象对高校思想政治教育的情况最为了解，但长期以来，在实际评价过程中，评价对象难以参与，导致评价往往仅关注表面现象，甚至形式化，而忽视了教育过程和受教育者思想认识提升、心理变化等重要方面。正因如此，评价结果常常引起评价对象的不满，甚至影响思想政治教育的持续发展。因此，坚持自我评价与他人评价相结合的评价模式，才能使评价过程和谐。

2. 自评与他评相结合评价模式的基本程序

自评与他评相结合评价模式的基本程序如下：

（1）被评价对象自评

被评价对象自评，即评价主体对其在思想政治教育工作中的表现

（对教育者而言）或在思想政治教育过程中的参与及成效（对受教育者而言）进行自我评估。评价主体的自我评价，既可以通过定性评价来划分等级，也可以通过定量分析来赋予分数。无论采用哪种评价方式，都必须基于充分的依据，确保评价判断有足够的支撑材料，以避免自我评价的不实。

（2）其他主体评价

其他评价主体的个数存在不确定性，可能仅涉及单一主体，亦可能涉及多个主体，包括但不限于教育者（对被教育者进行评价）、受教育者（对教育者进行评价）、领导者、专家学者、思想政治教育的相关部门以及知情人士（如同事、同学、家长、朋友或与被评价对象有频繁交往的其他人士）。参与评价的主体数量越多，评价结果的客观性和准确性通常越高。其他主体的评价通常结合了定性与定量的方法。参与评价的主体必须持有对被评价对象和社会负责任的态度，认真细致地进行评价工作，避免草率行事、形式主义和弄虚作假。

（3）自评与他评相结合

基于自我评价与他人评价，需将两者评价结果进行综合考量。综合考量并非简单地将两种评价结果相加或依据特定权重计算得出最终评价，而是应当细致地进行对比、分析和研究，以识别各评价中的客观性和合理性。在此基础上，通过剔除不实之部分，保留真实之精华，最终由各评价主体的代表通过协商确定最终评价结果。

3. 自评与他评相结合评价模式的基本要求

（1）动员被评价对象如实自评

长期以来，在高校的思想政治教育评估过程中，自我评价并未得到充分重视或采纳，其原因复杂多样，包括教育观念上的偏差，未将评价主体视为评价的核心，以及社会理念上的缺失，未能贯彻以人为本的原则。然而，更为关键的因素在于对评价对象的信任度不足。在当前社会环境下，存在弄虚作假的现象，自我评价可能因此带有一定程度的主观偏见。因此，在实施自我评价与他人评价相结合的评估体系时，评估的领导者和组织者必须对评价对象进行充分的动员和引导，促使他们持有实事求是的态度和作风。同时，应明确告知评价对象，除了自我评价外，还有他人评价的存在，任何虚假行为最终都将被揭露。

（2）各评价主体独立进行评价

为确保评价结果的真实性和准确性，采用自我评价与他人评价相结合的评价模式时，各评价主体必须独立进行评价，并自主表达个人意见。否则，评价体系将失去多主体评价的意义，而沦为单一主体的主导。尤其对于自我评价，必须切实保障被评价对象的思维自由。

（3）其他主体评价要客观、公正

在评价过程中，客观性和公正性至关重要，否则将背离评价的根本目的——总结经验教训，促进高校思想政治教育的持续和深入发展。其他评价主体的客观性和公正性，首先源于态度的客观公正，其次源于工作的认真扎实。特别是对于那些与被评价对象接触不多、了解有限的评价主体而言，为了确保评价的客观性和公正性，必须深入到被评价对象的日常教育、工作和生活中，进行细致的观察、了解、调研和核实。

（4）对评价结果的整合要科学

鉴于评价者对评价对象的了解深度、先入为主的偏见、评价时所持的态度、评价者自身的专业水平以及评价工作的细致程度等因素，不同评价主体的判断结果自然存在差异。因此，如何为各评价主体的判断赋予相应的权重，并将这些判断有效整合，成为一个需要深入探讨的复杂问题。通常情况下，那些更为了解情况、更精通评价方法、以及掌握更为确凿证据的评价者，其意见在权重分配时应被赋予更大的重要性。在整合评价的过程中，应当充分实践民主原则，确保各评价主体能够平等地表达自己的观点、陈述自己的理由，并通过民主协商的方式达成最终的评价结论。

第三节　高校思想政治教育环境机制的改进

人类的生存、发展以及思想品德的塑造和进步，均需在特定的环境条件下进行。政治理念、道德教育以及理论知识的传播，并非依赖于政治强制力，而是作为一种思想信息，在得到环境检验后，方能为受教育者所接纳。在当今社会，经济全球化、科技现代化、社会信息化的实现，导致了高校思想政治教育的宏观与微观环境均发生了深刻变化。因此，为了有效地开展高校思想政治教育工作，必须深入研究各种环境因素对教育的影响。我们不仅应当充分重视并利用环境资源，还应有意识地对环境进行改造和优化，以营造一个有利于实现教育目标的良好环境氛围，从而确保教育任务的顺利完成。①

一、高校思想政治教育环境的含义和特点

(一)高校思想政治教育环境的含义

影响大学生思想道德素质的形成与发展，以及高校思想政治教育活动开展的所有外部因素，统称为高校思想政治教育环境。这一概念包含三层含义：首先，环境对大学生思想道德素质的塑造与发展具有影响作用；其次，环境对高校思想政治教育活动本身产生影响；最后，环境中的各种外部因素之间存在内在的逻辑联系。

政治、经济、文化以及思想等多重因素共同构成了高校思想政治教育环境的框架。这些环境因素在不同程度和方式上影响着大学生思想政治品德的塑造与进步，以及高校思想政治教育活动的实施。因此，深入研究高校思想政治教育环境的类型，对于推动高校思想政治教育活动的有效开展具有重要意义。

(二)高校思想政治教育环境的特点

高校思想政治教育的环境要素彼此之间存在相互渗透、相互影响以及相互作用的关系，这些关系共同塑造了高校思想政治教育环境的独特属性。综合考量，这些属性主要体现在以下几个方面：

1. 广泛性

高等教育中的思想政治教育环境是一个由多种层次因素相互作用而形成的复杂系统。从广义上分析，该环境涵盖了自然、社会、政治、经济、文化以及思想等多个维度。从时间维度来看，它既包含了历史遗留因素，也涵盖了当前的现实因素。这些多样化的环境因素交织成一个网

---

①杨宗兴.高校学生干部思想政治教育环境和机制探究[J].湖北财经高等专科学校学报,2011,23(02):9-11.

络，对高等教育中的思想政治教育过程产生全方位、多角度的影响，同时对个体的思想道德品质的塑造与发展施加深远的制约。

2. 复杂性

高校思想政治教育环境构成了一个错综复杂的系统，该系统是由无数环境要素交织而成的网络。其复杂性源于影响个体思想品德的形成、发展以及高校思想政治教育活动的诸多因素的广泛性、性质的多重性以及作用方式的多样性。

3. 可创性

鉴于人类具备主观能动性，人们能够主动地认识、利用并改造环境，以实现既定目标。在高校思想政治教育领域，一方面，应根据思想政治教育的目标和教育对象的思想实际，精心挑选适宜的环境，以提升教育的有效性；另一方面，应积极地改变那些不适宜的环境，按照规律创造新的育人环境，并对那些对高校思想政治教育产生负面影响的环境进行改造，将消极因素转化为积极因素。同时，基于高校思想政治教育的目标，创造新的环境，确保教育目标的实现。正是由于高校思想政治教育环境具有可塑性，因此优化这一环境显得尤为必要，以期达到最佳的教育效果。

4. 动态性

高校思想政治教育环境的动态性特征，意味着该环境始终处于持续的运动与变化状态。这一特性根源于世界运动变化的基本规律。首先，高校内思想政治环境的各个组成部分持续地处于动态之中。无论是自然环境还是社会环境，社会环境中的经济、政治、文化以及思想等各个层面，均处于不断的运动之中，并且随着生产力水平的提升，其变化的速度亦在不断加快。其次，人类对世界的改造活动亦促使高校思想政治教育环境发生相应的转变。人们通过主观能动性的发挥，对环境施加影响，环境随之在主体实践活动的深化过程中发生改变。因此，高校思想政治教育目标的达成，需要不断地维护环境的动态平衡与协调，以实现和谐统一的状态。

5. 渗透性

高校思想政治教育环境的渗透性体现在其对个体思想的潜移默化影

响上。这种特性源于环境影响因素的复杂性。首先，环境影响因素具有广泛性，涵盖了自然与社会、物质与精神、历史与现实、国际与国内等多个维度，这些因素相互交织，从不同层面作用于人的思想；其次，环境影响因素的性质具有多样性，包括积极与消极、先进与落后等不同性质的因素，它们往往错综复杂地交织在一起。个体始终处于这种复杂的环境之中，与这些具体要素不断发生互动，环境因素因此渗透至人的思想深处，产生影响，促使思想从量变到质变，实现原有思想的转变或提升至新的水平。

二、高校思想政治教育环境的分类

（一）自然环境和社会环境

依据环境构成要素的特性，高校思想政治教育环境可划分为自然环境和社会环境两大类。自然环境由一系列自然物质要素构成，如大气、水体、生物群落、土壤、岩石以及太阳辐射等，它们共同构成了一个复杂的自然综合体。诸如日月星辰、江河湖海、山川平原等自然景观，均是这一综合体的具体展现。自然环境是大学生生存与发展的物质基础，它不仅为大学生提供了健康成长所需的各类物质资源，还提供了进行各种活动的场所，对大学生的思想政治品德产生着不可忽视的影响。

社会环境则涵盖了人类社会在长期发展过程中所创造和积累的物质文化以及社会成就的总和，其中包括政治环境、经济环境、文化环境、虚拟环境等多个方面。社会环境对大学生思想政治素质的影响，主要是在社会的经济关系、政治关系和文化关系等与大学生相互作用的过程中形成的。

（二）宏观环境和微观环境

依据环境构成的规模，高校思想政治教育环境可被划分为宏观环境与微观环境（亦有学者提出中观环境的分类）。宏观环境，亦称整体环境，涵盖国际、国内及地区层面的广泛环境，涉及国际或我国以及国内特定地区内众多环境因素的综合。微观环境，亦称局部环境，涉及与人们活动直接相关的局部环境因素，如家庭、学校、社区及同辈群体环境等。通常认为，宏观环境与微观环境中均包含自然与社会环境因素。例如，在宏观环境中，既有山川、河流、平原、草地等自然环境因素，也包括经济、政治、文化等社会环境因素。相较于自然环境，宏观环境与微观环境中的社会环境因素对高校思想政治教育活动的影响更为显著。

宏观环境与微观环境之间存在着紧密的相互作用。一方面，宏观环境对微观环境施加制约；另一方面，微观环境对宏观环境产生反作用，进而影响宏观环境的走向。

（三）积极环境和消极环境

通过对环境影响的评估，高校思想政治教育环境可被区分为积极环境与消极环境。积极环境是指那些有助于大学生形成优秀思想政治品质，并促进高校思想政治教育活动顺利开展的环境。相对地，消极环境则是指那些阻碍大学生思想政治品质发展和高校思想政治教育活动进行的环境。诸如"久居芝兰之室，不觉其香"、"久处鲍鱼之肆，不觉其臭"以及"近朱者赤，近墨者黑"等古语，生动而深刻地阐释了环境对人的影响。因此，高校思想政治教育工作者应当擅长利用和营造积极环境，引导大学生正确应对消极环境。

（四）实体环境和虚拟环境

从构成要素的角度分析，高校思想政治教育环境可分为实体环境与虚拟环境两大类。高校思想政治教育实体环境，指的是能够对思想政治教育产生影响的所有物质因素的集合体，它既包括未经人类加工的自然物质环境，也包括经过人类改造的物质环境（即人化的自然环境）。这一环境涵盖了自然界的属人环境以及社会中的经济环境等。例如，自然界的名山大川属于前者，而人文景观、爱国主义教育基地则属于后者。虚拟环境则指的是影响高校思想政治教育以及大学生思想政治品德形成与发展的各种社会精神因素的总和。例如，社会制度、社会文化、社会风尚、社会舆论等均为构成精神环境的关键要素。

三、高校思想政治教育要顺应国际国内的宏观环境

国际与国内环境的存续与演进相较于高校思想政治教育体系更为稳固，不受个人意志所左右。高校思想政治教育的主体与客体均置身于这一环境中，并受到其规范与限制。因此，在应对复杂多变的国际与国内

环境时，高校思想政治教育工作者的核心职责在于对环境中的诸多因素进行甄别与运用。

（一）充分利用全球化环境的有利因素，发挥高校思想政治教育工作的意识形态教育功能

首先，经济全球化促进了人们思想的解放和观念的更新，使得文化、观念和生活方式更加多样化。这一现象有助于拓宽大学生的国际视野，使他们能够多方面地了解世界各国的经济、政治和文化状况，并在比较中汲取精华、摒弃糟粕。同时，经济全球化加深了大学生对社会主义本质、特征和体制的理解，帮助他们摆脱旧有的错误观念，实现了对社会主义认识的显著飞跃。在经济全球化的大背景下，大学生能够更深入地理解和贯彻社会主义建设的理论、方针和政策，打破传统思维模式，形成开放和兼容的新思维。

其次，经济全球化的发展为高校思想政治教育注入了更丰富的内涵。在经济全球化的进程中，不同的意识形态相互交融，这有助于我国主流意识形态吸收经济全球化的有益成分，丰富自身内涵。同时，这促进了大学生视野的拓展，使他们更加清晰地认识到传统与现代之间的差异，发现各自的优势与不足，并寻求加强和改进我国主流意识形态建设的新视角。这增强了主流意识形态的包容性和吸引力，提升了高校思想政治教育工作的效率和实际效果。

（二）充分发挥党和政府的主导作用，创建和谐稳定的社会环境

政府作为社会变革的主导力量，自然承担着优化思想政治教育环境的重要职责。20世纪德国杰出的社会学家诺贝特·埃利亚斯（Norbert Elias）指出："国家通过规范网络将个体纳入其中，尽管这种网络对所有公民一视同仁，但现代国家并不将人视为家庭或国家社会结构中的成员，而是作为国家公民，关注其权利与义务。因此，现代国家实际上将人视为独立的个体。在这一最新的发展阶段，国家的发展进程以独特的方式促进了大众个体化的进程。"由此可见，政府在构建高校思想政治教育的社会大环境中扮演着核心角色，其对社会环境的调节与改善对高校思想政治教育工作具有深远的影响。

高校思想政治教育环境并非单一且封闭的，而是多元且开放的。高

校思想政治教育工作者应充分利用改革开放和市场经济等有利条件，加强国际间的交流与合作。目前，多数国家普遍采用政府、社会组织与个体三者间双向互动的三角形模式，以实现对个人社会角色的有效管理。这种三角模式的层级并非固定不变，而是可以灵活设计为国际组织、国内组织、个体等不同形式。例如，起源于20世纪70年代的欧洲青年中心和欧洲青年基金会，该机构定期举办国际研讨会和工作会议，设立常设机构，监督各国青年思想政治教育工作的规划与实施，体现了国际组织、国内组织、个体之间的三角模式。再如，2000年由英国、美国、丹麦、瑞典、日本、巴西等国家的多所知名大学及德国青年研究中心共同发起的国际研讨会，以青年群体为核心，研究不同群体与个体的思想行为问题，优化环境资源的组合，形成了政府、研究组织、个人之间的三角模式。构建资源整合的三角模式，能够拓宽视野、增长见识，为受教育者提供一个更加开放、多元、有利的成长环境。

（三）大力发展文化事业，优化文化大环境

为了促进文化环境的优化，必须引导公众寻找并建立与经济及政治体制改革相匹配的新思想与新文化观念，确保价值观教育在文化活动的各个载体中得到持续的渗透。必须用科学理论来武装人们的思想，用杰出的文化作品来激励人们，致力于文学艺术事业的繁荣，积极发展哲学社会科学及其他文化领域，坚持建设各类爱国主义教育基地，如博物馆、纪念馆、展览馆和烈士陵园，以此培养学生的爱国情怀。在参观这些教育基地时，应向全社会开放，并对学生的集体参观实行免费政策。同时，各级政府和企事业单位应投入相应的人力和物力资源，全面支持大学生参与的公益性文化活动。

为推动国内文化事业的发展，国家出台了《中共中央 国务院关于进一步加强和改进未成年人思想道德建设的若干意见》和《中共中央 国务院关于进一步加强和改进大学生思想政治教育的意见》等重要文件，旨在加强对国内文化市场的监管，对市场和网络中存在的不良内容采取坚决和迅速的打击措施。依法加强学校周边文化、娱乐、商业活动的管理，禁止在校园200米范围内建设经营性质的娱乐场所，同时禁止设立网吧和电子游戏经营场所。对于那些已经影响学校正常教学和生活秩序的娱

乐场所，应迅速组织力量予以取缔，确保为大学生提供一个安全、健康、文明的学习环境。

四、高校思想政治教育环境机制优化的路径

（一）加强校园物质和文化环境建设

校园物质环境的完善对于激发大学生学习的积极性具有重要作用，同时也是学校对师生提供的特殊福利。为了优化思想政治教育的物质环境，必须重视人力资源和物质资源的投入，确保思想政治教育的硬件设施具备优良的物质基础。学校应致力于在校园内打造具有文化价值的人文景观，例如设立名人雕像、展示励志名言等，以此激发学生的积极进取心和集体主义精神，进而提升其思想认知能力和人格品质。通过美化和绿化校园环境，营造一个舒适宜人的学习氛围，有助于减轻学生的心理压力，使他们身心愉悦。物质环境是构建高校思想政治教育环境的基石，此基础上，还应致力于培育具有特色的校园文化，形成良好的校风、教风和学风。校园文化与高校思想政治教育活动紧密相连，浓厚的校园文化氛围如同一支无形的指挥棒，能够统一学生的政治思想。以校园文化为出发点，以育人为宗旨，以提升学生的思想政治素质为核心培养目标，鼓励营造健康向上的文化环境。以马克思主义思想为指导，影响学生的观念形成和人格塑造，通过优质的校园物质和文化环境，进一步提高大学生的思想政治素质水平。

（二）努力提高大学生的综合素质

我国经济社会正经历迅猛发展，各行各业对人才的需求日益增长。然而，大学毕业生面临的就业难题持续困扰着社会。解决此问题的关键在于提升大学生的综合素质，以满足社会对人才的高标准需求。简言之，大学生的综合素质涵盖道德、政治和心理三个核心要素。

高尚的道德素质源于坚定的道德信念。大学生必须树立社会主义道德观念，确保个人的道德观念与行为同社会要求相契合。社会主义道德倡导大学生在校园内积极助人，维护和谐的人际关系，不侵犯他人权益。同时，大学生应自觉抵制不良思想，以积极态度面对学习与生活，成为正直、有理想的人。培养思想道德素质，既需社会主义道德的引导，也

需个人的道德修养。唯有严于律己，规范道德行为，避免任何道德失范，方能保持高尚的道德水准。大学生应不断学习，加强思想政治理论修养，将理论知识应用于实践，成为社会所需的德才兼备之才。学校亦应普及法律知识，培养学生成为知法、守法、护法的良好公民。课程设计上应强调传统美德和社会基本道德的学习，明确规划高校思想政治教育的全过程。加强马克思主义思想教育，使马克思主义理论成为大学生的思想武器，成为他们判断是非的准则，从而形成正确的世界观、价值观和道德观。

合格的政治素质要求大学生拥有社会主义和共产主义的理想信念，这是社会主义事业对大学生的基本要求。拥有社会主义信念的大学生，将获得前进的不竭动力，人生发展也将有正确的方向。爱国主义是当前大学生的基本思想要求，合格的政治素质要求大学生具备强烈的爱国精神。应将爱国与爱社会主义相统一，为国家的繁荣昌盛贡献力量。高校作为高校思想政治教育的主阵地，需创新教育理念，探索爱国主义教育的新内容和新方法，营造良好的思想政治教育环境，努力提高大学生的思想觉悟和自我修养，使他们能够抵御各种错误思想的侵蚀，成为当代合格的大学生。

健康的心理素质是大学生顺利成长的必要条件，是学业和事业成功的重要保障。大学生健康的心理素质体现在谦和宽容的气质、坚强的意志以及面对困难时的坚韧不拔和艰苦奋斗。学校在重视学业的同时，应为大学生创造平等的环境，鼓励他们参与各类比赛和活动，充分展现各自的个性和心理状态。心理素质教育应纳入学校德育工作管理体系，完善心理素质教育体制，通过课堂教学和课外指导相结合的方式，积极促进大学生心理素质的发展。各学校单位应开展大学生心理测试，建立心理档案和心理健康预警机制，提供心理咨询，为需要帮助的学生提供及时的心理健康指导，以促进学生心理素质的整体提升。

（三）切实加强高校思想政治教育教学队伍的建设

学校需开展研究，制订并执行思想政治理论课教师培训计划，构建思想政治理论课教师培养及考核体系，以期在短期内提升该教师队伍的整体素质。强化高校思想政治教育队伍建设的核心，在于运用"学科意识"来整合思想政治理论课教学与日常思想政治教育这两个方面的工作，确保思想政治教育的理论与实践教学保持内在的一致性。

（四）开展各种丰富多彩的业余活动

开展形式多样的业余活动，能够提升课程学习的趣味性，促使大多数学生在参与中培养出积极向上的健康心态，进而深刻感受到集体大家庭的温暖，有助于培育学生间的互助合作精神。学生党员与班干部作为学生群体中的杰出代表和核心力量，是高校思想政治教育的积极参与者和模范实践者，他们应当在学生群体中发挥引领作用，推动思想政治教育工作的有效开展。为了激发大学生的内在积极性，班级组织和学生社团应广泛宣传，鼓励更多学生主动投身于各类活动，以满足其自信心和情感需求。在全校范围内举办优秀班风竞赛和主题座谈会，引导各班级积极投身于主题教育活动，持续强化班级的集体氛围和凝聚力，这不仅促进了良好班风的形成，也为学生的全面发展和日常思想政治教育提供了适宜的环境。学生社团组织的众多活动，为学生提供了展示才华的平台，在竞争中扮演好自己的角色，真实地表达心理状态和精神风貌。这有利于学校准确掌握学生的思想动态，进而调整工作策略，认真执行思想政治教育工作，确保工作更加贴合学生的生活实际。

（五）加强制度环境建设

必须将学生组织纪律行为准则等制度管理置于重要地位，通过思想政治教育推动学生管理制度的执行，同时确保思想政治教育成效的实现。学校需制定并严格执行各项规章制度，强化组织管理，引导学生树立学校教育理念，规范其言行，维护良好的教育教学秩序。应坚定不移地贯彻以育人为本、德育为先的教育理念，以爱国主义教育为核心，以思想道德建设为基础，以大学生全面发展为目标，致力于优化育人环境，不断提升高校思想政治教育工作的科学化水平。调整校园网发展运作机制，设立高校思想政治教育专版，努力构建学报、校园广播等新宣传渠道，以加强思想政治教育的传播。积极推广大学生文明上网，大力净化校园环境，坚决摒弃各种不良观念和腐朽生活方式，正面引导大学生的思想。制度环境的优化不仅为思想政治教育活动奠定基础，也支持思想政治教育工作的有效开展。因此，我们应不断完善各项管理制度，以优化社会环境，促进社会成员思想政治水平的提升。制定合理的奖惩机制，利用制度的激励与约束功能，遏制大学生的不文明行为，激发其自我管理、自我教育的意识，有效提升其思想政治素质。建立家长联系机制，保持学校与家长的持续沟通，通过家长访谈、实名问卷调查等方式，了解学生在成长过程中的不足，共同促进学生的健康成长。应将高校思想政治教育视为学院各项工作的核心，相关院领导与教师需紧密协作，优化学院日常管理制度，不断完善高校思想政治教育工作的保障机制。

（六）坚持家庭、学校和社区环境三位一体优化

思想政治教育环境构成了一个包含多个子环境的系统，其中与人的日常生活和生产活动紧密相关的子环境包括家庭、学校和社区。在人的思想品德形成与发展的过程中，这些子环境扮演了至关重要的角色。因此，为了提升高校思想政治教育环境，必须充分利用家庭、学校和社区这三个子环境的正面效应，坚持三者协同，形成有效的合力，以促进大学生思想品德水平的持续提升。

1. 优化校园环境，为高校思想政治教育工作提供健康的内部环境

高校作为专门培养高级人才的特殊机构，建立在特定社会关系基础之上，形成了其独特的社会组织体系。学校环境是指由教职工、教育内容、校园文化、校风、教风、学风等多种因素共同构成的氛围。青年大学生在校园中度过了大部分时光，因此，在进行文化教育的同时，亦不可忽视对其思想道德的培养，这对于培养未来高素质人才具有至关重要的意义。为了提升大学生的思想政治教育质量，营造一个优质的学校环境显得尤为关键，这已成为高校当前工作的重点之一。高校必须对思想政治教育予以高度重视，不仅要为思想政治教育提供充足的资金支持和硬件设施，还要致力于营造一个积极向上的校园氛围。这有助于实现思想政治教育内容与形式的有机结合，从而取得理想的教育效果。只有在这样的环境中，广大教师才能被激励去不断研究和探索思想政治教育，提升自身的教学方法和模式，进而全面提升学生的思想政治素质。

2. 优化家庭环境，为高校思想政治教育工作寻求有利的家庭
支持

在众多教育形式中，家庭教育以其独特的影响力和感染力脱颖而出。家庭成员间特有的血缘、依赖和亲情纽带，对青少年的人格塑造与发展产生深远影响，甚至可能决定其一生的轨迹。家庭作为微观社会环境，对教育对象具有启蒙奠基、信赖易感、潜移默化、连续不断的作用。家庭教育的特殊性体现在其既是青少年最初的启蒙教育，也是他们终身的教育导师。为了优化家庭教育环境，高校应保持与家长的沟通与联系，向家长提供思想政治、教育学、心理学等领域的理论教育，使家长全面理解家庭环境在子女成长中的重要责任，从而实现子女教育的科学化。在教育子女的过程中，家长还应不断提升自身的思想素质，为子女树立良好的榜样，营造一个和谐、民主、进取的家庭氛围，以促进青年大学生的健康成长。

3. 重视社区环境，为高校思想政治教育工作提供良好的社区
环境

社区环境相较于家庭与学校环境，展现出显著的差异性，宛若社会的缩影，其构成复杂且品质参差。一个优质的社区环境不仅能够为家庭生活和学校教育提供必要的物质与精神支持，而且能够作为家庭教育和学校教育的有效补充。著名教育家苏霍姆林斯基曾指出："儿童在往返学校途中所接受的思想教育，往往比在校内数小时的教育更为深刻和鲜明。"其原因在于这些思想教育蕴含于形象之中，体现在生活的诸多场景与现实世界里。由此可见，在高等教育的思想政治教育过程中，社区环境扮演着不可或缺的角色。

（1）树立正确的舆论导向，创建优秀的社区文化社区

在构建高校思想政治教育的优质社会文化环境过程中，必须充分利用大众传媒和社区宣传栏等渠道的传播功能，树立正面典范，推广先进人物及其事迹，营造积极向上的社会氛围，引导大学生确立正确的思想意识、价值追求、行为准则和生活品位。

（2）以优化社区的文化环境为中心

在社区环境中，对大学生影响最为显著的因素是社区文化环境。因

此，必须切实强化社区文化环境的建设与管理，为全面实施思想政治教育创造有利条件。对于社区内既有的文化设施，应持续进行优化和完善，同时积极增设新的文化设施，确保社会环境保持新颖性、趣味性与教育性的融合，提升娱乐活动的品质，丰富居民的精神文化生活，使社区文化真正发挥出教育和调节大学生身心健康的积极作用。此外，还需加强社区文化设施的管理，维护社区文化的正常秩序，确保社区文化设施能够发挥其应有的教育功能。

（3）加强大学生的安全教育，远离社区中的不良环境

社区乃社会环境之缩影，诸多方面非高校所能掌控。若欲为学子营造优良之周边环境，必须强化校内管理。大学生之教育，不应局限于文化教育，尚需涵盖安全教育、法制教育及自我保护教育，以提升其自我防护之能力，促使学子能自发地抵御不良文化产品之侵扰。

在对大学生进行自我保护教育的过程中，必须重视教师的正确引导和教育，这主要体现在以下三个方面。首先，教师应指导学生避免接触有害的网络内容和视频，以防止这些不良信息对学生的心理健康造成损害；其次，教师需提醒学生远离可能对身心健康产生负面影响的娱乐场所，以保护学生免受思想或身体上的伤害；最后，教师应与学生建立和谐的师生关系，定期进行教育交流，协助学生解决生活和学习中的问题，并教导学生珍惜生命、关心他人。

第六章　高校思想政治教育工作的创新发展

21世纪标志着科技与创新的全新时代。科技创新已经成为各国争夺经济社会发展优势的关键战略，这一趋势是全球不可逆转的潮流。高等学府作为培养人才的基地和摇篮，肩负着培育国家创新人才的重任。在此过程中，传统的高校思想政治教育面临着网络化、信息化的新学习教育模式的挑战，以及大学生思想意识日益变化和动态化的新问题。因此，高校思想政治教育工作者必须承担起历史赋予的使命和责任，坚持与时俱进，积极适应变化，勇于创新，探索思想政治教育的新途径。

高校思想政治教育是一项需要耐心和细致的工作，也是一项长期而系统的工程。它要求各方面紧密合作与配合，并且需要在思想观念上实现突破、变革与创新。只有在内容、方法、制度、观念等方面持续创新，才能满足现代化教育和社会发展的需求，从而取得预期的成效。

第一节　高校思想政治教育工作创新发展的意义

强化与优化高校思想政治教育，对于大学生的全面发展至关重要，同时关乎国家与民族的未来及命运，是一项根本性、民心所向、充满希望以及社会性的重大工程，其影响深远，意义非凡。①

一、符合国际国内形势变化发展的需要

自21世纪初以来，随着经济全球化的迅猛发展，我国社会持续经历重大转型，互联网等现代科技手段逐渐深入社会生活的各个层面。这一

①赵曦.论高校思想政治教育的文化使命与创新发展[J].科学大众(科学教育),2019(10):147.

过程中产生的社会思潮、思想观念和行为方式，对构建和谐校园提出了新的挑战。为了有效应对这些挑战，高校思想政治教育亟须创新。

首先，从国际形势的发展趋势来看，我国高校正面临外来不良文化的多维度渗透，从表面到深层，从明显到隐晦。这种持续的渗透在一定程度上扰乱了大学生的思想，影响了学校的稳定，进而对社会发展和稳定产生波及效应。因此，高校必须认真开展师生员工的思想政治教育，深入持久地推进爱国主义、集体主义和社会主义教育，提升其政治鉴别力和对不良思想的抵抗力，构建坚固的思想防线。这要求高校思想政治教育必须进行创新。

其次，通过对世界各国教育的研究发现，西方国家在价值观教育方面并无"政治淡化"现象。相反，它们在宣传和灌输西方价值观方面旗帜鲜明，不遗余力，充分利用各种宣传场合和机会。西方政府通过立法、财政拨款、支持中介组织等手段，深入研究并推广价值观教育的有效方法。此外，学校、家庭、社团和媒体的广泛参与，使得价值观教育具有极强的隐蔽性、渗透性和有效性。西方国家还注重将价值观教育与社会实际相结合，通过统一价值观来实现政治上的协调一致，巩固其核心价值的主导地位。在个人价值、社会价值与国家民族的关系上，个人的生存与发展始终被置于为国家民族"服务"之后。西方价值观教育模式的强大功能，既让我们保持清醒，也促使我们深思，更要求我国高校的思想政治教育工作必须以高度的紧迫感和责任感，通过内容、方法、制度、观念等方面的创新，坚定不移地维护社会主义核心价值体系，为构建和谐校园提供坚实的思想保障。

最后，从高等教育的发展现状来看，高校思想政治教育的创新同样迫在眉睫。随着我国高等教育的快速发展，高等院校在我国经济社会发展中的地位日益凸显，其社会作用和影响力不容忽视。高等院校是人才资源的宝库，是新思想、新知识、新科技的发源地，是社会创新活力的重要源泉，是发展先进生产力和先进文化的重要力量，是构建社会主义和谐社会的生力军。从影响范围来看，高校是思想文化最活跃、知识信息最密集的场所，高校学生涉及千家万户，家长时刻关心，社会普遍关切，国际社会也高度关注，对社会和谐稳定具有重要影响。可以说，没有高校的和谐，就难以实现整个社会的和谐。这不仅对高校思想政治教育创新提出了新要求，也为高校思想政治教育创新提供了广阔的舞台。

加强和改进高校思想政治教育，关系到国家的未来和民族的命运，是确保中国特色社会主义事业兴旺发达的"希望工程"。一个有远见的民族，总是将关注的目光投向青年；一个有远见的政党，总是将青年视为推动历史发展和社会进步的重要力量。大学生作为青年中的佼佼者，是极其宝贵的人才资源。在校大学生和即将步入大学的青年，将在实现现代化和中华民族伟大复兴的伟业中担任主力军。能否继续高举邓小平理论和"三个代表"重要思想的旗帜，坚持中国特色社会主义道路，关键在于这一代年轻人。他们的思想道德素质、科学文化素质和健康素质，直接关系到党和国家的生死存亡，关系到中国特色社会主义事业的成败，关系到建成社会主义现代化强国目标的实现。我们曾因忽视和放松高校思想政治教育而遭受严重影响的深刻教训。历史和现实都告诉我们，帮助大学生树立正确的世界观、人生观和价值观，确立中国特色社会主义的理想信念，是保证中国特色社会主义事业长治久安、实现中华民族伟大复兴的希望所在，是关系国家前途和民族命运，确保中国特色社会主义事业兴旺发达的"希望工程"。

二、符合高校思想政治教育跟随时代进步创新的需要

在我国经历深刻社会转型的背景下，加之经济全球化和信息网络化的迅猛发展，高校思想政治教育领域面临诸多挑战。当前，教育内容的丰富性和形式的创新性尚显不足，思想政治教育的重要性尚未得到充分认识，其主导价值观遭遇挑战，教育合力的缺失和发展滞后问题日益凸显。若不及时解决这些问题，高校思想政治教育的说服力将逐渐减弱，其应有的地位和作用也将受到削弱。为增强高校思想政治教育的适应性、针对性和实效性，强化其在教育体系中的地位，并有效推进和谐校园的构建，必须对高校思想政治教育进行创新。这种创新应基于深入研究当前面临的新情况，从更新教育观念、充实教育内容、改进教育方法、强化教育机制等方面入手，实施全方位的创新。只有如此，高校思想政治教育才能适应时代发展，深入人心，发挥其应有的作用，展现其力量；才能保持其旺盛的生命力和活力，履行其职责和使命，并在构建和谐校

园的过程中巩固和强化其地位。

随着时代的发展和社会的进步，构建和谐校园提出了新的要求。要实现这一目标，必须紧紧抓住用马克思主义中国化的最新成果武装头脑这一首要任务，加强和改进思想政治教育这一基础，重视心理健康教育和良好心态的塑造这一重要环节，利用校园文化这一重要载体，聚焦高校发展这一主题，以及强化队伍建设这一关键。只有做好这些工作，才能抓住和谐校园建设的关键。

在坚持传统思想政治教育内容精华的基础上，高校思想政治教育应紧跟时代步伐，紧密联系经济社会发展，以科学发展观为指导，结合大学生的思想实际和全面发展的需求，吸收大量符合时代要求的新材料、新内容，将马克思主义中国化的最新成果融入思想政治教育体系中，推进高校思想政治教育的新经验、新方法，确立社会主义核心价值体系的主导地位，理顺心态，促进优良教风、学风和校风的形成，最终完成构建和谐校园的历史使命。

实际上，高校思想政治教育的创新体现在将符合时代要求和更加丰富的内容充实到教育过程中。缺乏新材料、新内容的教育是缺乏时代感、僵化且不具备说服力的。只有在大量鲜活的材料被引入高校思想政治教育领域的情况下，教育才会因具备强烈的时代感和震撼力而增强说服力。高校思想政治教育的创新在促进内容创新的同时，还必然要求改进教育方法。教育方法的创新是教育创新的重要组成部分，也是加强和改进教育的有效支撑。

在新环境下，高校思想政治教育若不能自觉地将马克思主义的立场、观点、方法与时代特征相结合，在继承和发扬优良传统的同时，努力探索新途径、新手段和新载体，就不能在信息社会中利用一切先进技术手段，创新工作方法，增加教育的科技含量，抢占信息传播的制高点，掌握网络思想政治教育的主动权；就不能激发大学生的学习热情，营造民主开明的教育氛围，寓灌输教育于引导和渗透之中，帮助大学生自觉、愉悦地接受科学理论和先进思想；就不能在实施教育的过程中有效注入真情实感，以人为本，从大学生的实际需要出发，解决思想问题，有效发挥思想政治教育的强大功能。

高校思想政治教育创新的目的，在于根据时代的变化和社会发展的要求，破除陈规的束缚，解放思想，与时俱进，博采众长，通过教育内容和方法的创新，大力增强教育效果，为和谐校园的构建提供强大的精神动力和方向保证。

然而，在高等院校进一步扩大对外开放的形势下，如何有效应对通过各种渠道进入我国的西方价值观念，抨击各种腐败现象，维护马克思主义的崇高信仰，对高校思想政治教育提出了更高要求。整合高校各领域资源，有效发挥教育的合力，完善教育的教材体系，增强教育理论课的实效性等，都是高校思想政治教育创新所要解决的紧迫任务。不解决好这些问题，就不能加强和改进高校思想政治教育，不能全面提升教育效果。通过构建和谐校园，创新高校思想政治教育，针对不同的教育对象，充实与时俱进的丰富教育内容，采用形式多样的教育方法，完善各项更为人性化的保障措施，进而实现教育效果的提升，就成为一件水到渠成的事情。

三、有利于高校教育质量的提高

高等教育中思想政治教育的创新，旨在通过推动和谐校园的建设，促进人的自由全面发展。人的现代化是实现自由全面发展的必经之路，而自由全面发展则是现代化的终极目标和自然结果。在当前中国社会转型的关键时期，迫切需要大量完成现代化转型的人才。所谓人的现代化，涉及人的现代属性的产生与发展，是一个从传统向现代转变的过程，涵盖了人的观念、道德、智慧、生活方式等方面的转变。现代化的人应具备与时代相符的道德理想、价值观念、民主法治观念、权利义务观念、效率观念、全局观念和信息观念等现代思想观念，以及现代科学文化知识、伦理道德修养、生活行为方式、身体与心理素质等。在人的素质结构中，思想道德素质占据核心地位，对人的整体素质状况具有决定性影响，并成为评价人的素质状况的关键指标，以及推动人自由全面发展的主要途径。

（一）有利于提高大学生的思想道德素质

首先，高校在思想政治教育方面的创新，是基于社会发展的持续进步和受教育者思想实际的深入理解，不断丰富和更新思想政治教育内容，优化教育方法。通过采用受教育者乐于接受的活泼形式，引导他们学习并掌握与时代同步的马克思主义理论，确立正确的世界观、人生观和价值观。同时，教育他们妥善处理人际关系、社会关系以及人与自然的和谐共处；培养他们树立远大的理想，坚定对马克思主义的信仰和对社会主义的信念。此外，通过培养高尚的道德情操、坚韧不拔的意志和无私奉献的精神，使他们能够肩负起庄严的社会责任，并致力于实现中华民族伟大复兴。

其次，高校在思想政治教育方面的创新，坚持将育人作为根本，德育作为首要，立德树人作为核心理念。在此基础上，注重培养受教育者的独立人格和勇于承担社会责任的道德品质，激发和促进他们的创新精神与能力。当高校的思想政治教育创新紧密围绕上述两个核心方向，并取得显著成效时，大学生的思想道德素质提升便有了坚实的保障。

（二）有利于促进大学生健康人格的完善

积极的心态和健全的人格是身心健康的关键指标，也是大学生全面发展的基石，更是社会和谐的必要条件。随着现代社会节奏的加速和竞争的加剧，一方面，这激发了大学生勤奋学习、积极向上的精神；另一方面，也给大学生带来了更大的学业、生活和就业压力，导致心理困扰、心理障碍乃至情绪失控等问题的出现。当前大学生群体构成多元，有的在优渥环境中成长，有的则来自较为贫困的家庭，有的抗压能力较弱，有的自卑感较重，容易产生各种问题。因此，促进大学生人格的和谐与心理健康，成为高校思想政治教育创新的核心关注点之一。

构建和谐校园，高校思想政治教育的创新应始终致力于帮助学生树立崇高的理想，确立正确的世界观、人生观和价值观，以促进大学生人格的完善。远大的理想是人们追求并为之努力的高尚目标，是引领人们走向未来的旗帜，也是激励人们奋发向上的精神动力。心理学研究显示，目标能在大脑中形成强烈的兴奋点，激发热情，为意志提供力量。当大学生被思想政治教育的严谨理论折服，被其客观公正性感动时，客观、公平、公正的思想便能深入人心，成为大学生和谐人格的重要组成部分。难以想象，缺乏客观公正性的高校思想政治教育活动能够取得成效。

　　加强和改进高校思想政治教育，是推进素质教育、引导学生全面成长的"基础工程"。随着改革开放和中国特色社会主义现代化建设的不断深入，大学生在思想、政治、学业等方面取得了显著进步，成才愿望强烈。一个人的成长和成才，既依赖于其智力因素，也依赖于其他因素，如思想政治素质。高素质人才不仅需要较高的科学文化素质、健康的身体素质和心理素质，更需要良好的思想政治素质。思想政治素质作为大学生最重要的素质之一，对他们的健康成长和全面发展具有不可忽视的决定性作用。大学阶段是人生发展的重要时期，是世界观、人生观、价值观形成的关键阶段。在这一时期，大学生在人格上将逐步实现从青少年向成年人的过渡和转变，逐步确立自我，摆脱对家庭和父母的依赖。对于大学生而言，完成这一人生重要转变并非一帆风顺，他们在成长过程中难免会遇到各种困难和矛盾，产生各种困惑和问题，这些问题从根本上讲是世界观、人生观、价值观的形成与确立问题。因此，大学生对思想政治教育，对学习如何做人有着强烈的内在需求。这种内在需求是加强高校思想政治教育最重要的基础。加强素质教育，首要和最重要的任务是加强和改进高校思想政治教育。只有把高校思想政治教育这项"基础工程"做好，素质教育才能真正落实，学生全面成长的目标才能实现。

（三）有利于加强大学生的创新精神

　　创新乃民族进步的魂魄，亦是国家繁荣昌盛的持续动力。时代之需呼唤创新，同时向大学生提出了更高的要求。大学生欲在学业上取得进展、心理素质上提升、自我潜能上充分展现，并获得符合时代要求的创新能力，必须具备创新的精神与能力。高校思想政治教育的创新旨在通过培养大学生的创造性品格素质，促进其创新精神。

　　首先，高校思想政治教育通过持续的创新，以时代精神引导大学生保持自强不息、积极向上、奋发有为、开拓进取的精神状态，树立为中华民族伟大复兴而献身的崇高理想与信念，为大学生实现理想、不惧困难、突破思想束缚提供强大的精神动力。高校思想政治教育的创新，正是通过培养进取精神，使大学生勇于发现真理、坚持真理、捍卫真理，从而取得宝贵的创造性成果。

其次，高校思想政治教育通过不断的创新，培养大学生创新精神中不可或缺的坚强意志。创造力的发挥基于艰苦的劳动与严谨的工作。大学生若欲超越前人，唯有不惧困难、持之以恒、百折不挠，方能成功。高校思想政治教育的创新，即在新时期，使大学生更深刻理解人生价值在于创造，个人价值体现于其创造的社会价值中，无创造的人生即失去意义。以此为基础，激励大学生克服困难、积极进取、努力创造，在坚韧意志的支撑下，在持续创造的过程中，不断进步，创造更高尚的人生价值。

再次，高校思想政治教育通过不断的创新，引导大学生将实现中华民族伟大复兴的崇高理想与个人人生价值的实现相结合，激发大学生热爱其专业，对事业充满激情。创造离不开兴趣，更需激情。兴趣源于对事业的热爱，唯有激发大学生热爱大自然、热爱生活、热爱学习、热爱专业，对事业前途充满信心，方能激发其以满腔热忱去探索、去发明、去创造。激情乃文学艺术创作与科学技术创造中不可或缺的情感。

高校思想政治教育的创新，即在教育过程中，全面展现以改革创新为核心的时代风貌，深刻揭示中华民族自强不息、发展壮大的根本原因及与时俱进、开拓进取的力量源泉，培养大学生以浓厚兴趣、昂扬激情、开拓勇气及强烈自信，以创造性劳动实现个人人生价值的最大化。无疑，高校思想政治教育的创新在培养大学生创新精神方面，具有不可替代之作用。

(四)有利于促进高校"三风"建设

高校在思想政治教育方面的创新，旨在全面推进从教育理念到教学研究环境、教学管理体系、校园文化氛围以及人才素质结构等各个方面的和谐发展。实现这一目标与高校能否培育出良好的校风、教风、学风息息相关。只有当校风、教风、学风得到优化，高等教育的质量才能得到提升。校风、教风、学风是大学精神和文化的集中体现，它们具体反映了教育机构的办学理念、特色和目标。校风是总体的概括，综合了教风和学风；教风是核心，对校风和学风产生影响；学风是基础，推动校风并促进自身的发展。这"三风"构成了一个相互联系、相互影响、相互促进的统一体，共同决定了高等教育的质量，并对高校的改革、发展及其未来产生深远影响。

在某种程度上，高校思想政治教育的创新，旨在确保和促进"三风"建设。这种创新必须立足于提升教育双方的政治素质，运用马克思主义中国化的最新成果来巩固高校的阵地，尊重差异、包容多样性的同时，有效抵御各种错误思潮，确保高校始终沿着正确的办学方向前进。同时，应大力加强师德建设，进一步培养教师的敬业精神和育人情怀；使师生对中国特色社会主义事业充满信心，并保持为中华民族伟大复兴而努力工作的活力和锐气，使积极向上的作风成为校园文化的主流。

高校思想政治教育的创新，还应特别关注当前大学生的情感需求，在平等和相互尊重的基础上，以理性和情感引导大学生，帮助他们克服不良心理因素，培养坚韧不拔的毅力和拼搏精神，勇敢面对学习和生活中的各种挑战，成为德智体美全面发展的优秀人才，为良好学风的形成奠定坚实基础。

此外，高校思想政治教育的创新，还应充分吸收中西方文化的精髓，根据时代发展的要求，既鼓励和保护自强不息的竞争精神，又提倡和开展积极的相互合作，营造和谐的人际关系，提升每个人的自信心，理顺情绪，合理规划未来的发展方向，使校园内处处洋溢着与时代发展相符的和谐氛围，促进优良校风的形成。

高校思想政治教育的创新，必须以建立和完善与时俱进的评价机制和保障体系为依托，通过树立先进典型，加强高校党风建设，加强思想政治教育队伍建设，实施以人为本的规范化管理，为"三风"建设提供更加坚实的保障。

综上所述，加强和改进高校思想政治教育是一项需要学校、家庭和社会紧密合作的"社会工程"。成功的教育是多种因素综合作用的结果，而失败的教育可能源于某一因素的缺失。高校思想政治教育的成功，需要家庭、学校和社会的密切配合、齐抓共管，任何一个环节出现问题都可能导致教育的失败。高校是开展高校思想政治教育的主要阵地，思想政治理论课是主要渠道，哲学社会科学课程承担着重要的思想政治教育职责，其他课程也都具有育人功能，所有教师都肩负着育人责任。必须将思想政治教育融入大学生专业学习的各个环节，渗透到教学、科研和社会服务的各个方面，贯穿于教育教学的全过程。同时，全社会都应关心大学生的健康成长，支持高校思想政治教育工作。宣传、理论、新闻、文艺、出版等领域要坚持弘扬主旋律，为高校思想政治教育营造良好的社会舆论氛围，提供丰富的精神食粮。党政机关、社会团体、企事业单位以及街道、社区、村镇等应主动配合，共同做好高校思想政治教育工作。学校还应探索建立与大学生家庭联系沟通的机制，相互配合，对学生进行思想政治教育。

第二节　高校思想政治教育工作观念的创新

思想与观念乃行动之指南。思想政治教育观念，乃人们从事思想政治教育活动所秉持的具有指导性、全局性、基础性的观点与理念。高校思想政治教育观念的创新，意味着教育者需顺应时代变迁，摆脱陈旧的教育观念束缚，秉持与时俱进之精神，构建正确的教育观念。观念的转变与创新，是思想政治教育创新得以实现之基础。[①]

一、高校思想政治教育工作观念创新的必要性

江泽民同志在1995年全国科学技术大会上明确指出："创新乃民族进步之魂，国家繁荣昌盛之源。"而创新之根本在于观念的创新。中国革命与建设的历史经验昭示我们，党在思想政治工作领域所取得的诸多创新成果，正是这些成果的卓有成效，使得我们党能够领导并团结全国最广大的人民群众，取得社会主义革命与建设的辉煌成就，并积累了宝贵的经验。然而，随着时代的演进和教育环境的变迁，面对快速变化的发展环境，若高校思想政治教育过程仍然固守旧有的观念和经验，不加变通地沿用，便容易导致教育内容显得空洞、浮夸，进而引起教育对象的反感，这也是近年来高校思想政治教育成效减弱的根本原因之一。科学研究最新发现表明，对于个人经验而言，"人们几乎无法摆脱过去经验的

---

①蔡雅虹. 新时代高校思想政治教育工作路径创新探究[J]. 兰州教育学院学报, 2018, 34(12): 72-73.

影响。过去的经验既为我们的创新提供了支持和基础，同时也构成了限制，束缚了创造力"。因此，高校思想政治教育要想取得突破，始终保持在青年教育的前沿，就必须在合理继承传统经验的基础上，勇于摒弃陈旧观念的束缚，解放思想，树立创新意识。在充分吸收和发扬传统成功经验的同时，破除故步自封的思维定式，以开放创新的理念，将高校思想政治教育工作主动置于全球化时代的大潮之中，吸收和借鉴西方发达国家的教育经验，在东西方多元文化激烈碰撞的背景下，重新构建思想政治教育工作模式，确立"以人为本、全面发展"的教育价值观，使思想政治教育工作更贴近教育对象的实际思想，潜移默化地融入教育对象的心灵，并转化为他们的行为实践。

思想政治教育工作作为提升文化素养的关键支撑，深刻揭示了双重含义：其一，作为文化强国的终极目标，即推动全体公民将教育理念内化并转化为时代行为；其二，文化强国的构建必须建立在全社会共同培育先进文化和优秀思想道德品质的基础之上。因此，必须摒弃不合时宜的观念，并持续更新与完善高等教育中的思想政治教育理念，以使高等教育的思想政治教育更好地适应社会需求，更有效地服务于社会。这一点主要体现在以下几个方面：

第一，维护受教育者主体地位的实践性。在传统高校思想政治教育中，以班级为单位的统一授课方式是其主要形式。然而，在多元文化冲击的背景下，这种单一的均质化教育手段可能导致教育效果的片面性。个体所特有的创造性和能动性，实际上是社会发展不可或缺的重要动力。当前，教学内容与受教育者的生活实际相距甚远，例如，高校思想政治教育中的许多理论解读缺乏实践性，与受教育者的生活实际脱节，难以引起共鸣。陶行知先生曾言："生活即教育，非生活则非教育。"我们的现实生活犹如一片肥沃的土地，而教育则是从中汲取养分的麦苗，麦苗的成长离不开这片沃土。若要最大化教育的效用，必须紧密联系人的现实生活。目前，教学方式主要以灌输为主，一些高校在思想政治教育中仍存在不科学的教学模式，受教育者难以结合具体实践深入理解，更难以在现实生活中应用，从而无法更好地适应社会发展。

第二，建立学生内化思想与外在行为的一致性。在校园中，我们常常目睹一种现象：学生们成群结队或三三两两并排行走在道路上，他们低着头专注于手机，或是忙于微信交流、聆听音乐，对周遭的交通状况漠不关心。面对此情此景，如何引导学生从沉迷于手机的"低头族"转变为关注周围环境的"抬头族"，进而提升他们的思想道德水平，并将所学知识转化为恰当的行为习惯，已成为教育工作者特别关注的问题。这种现象实际上体现了内在思想与外在行为的辩证统一过程。在进行思想政治教育时，受教育者会根据个人的主观能动性有选择性地处理和整合外界信息，这意味着他们不会完全将所学理论内化于心；同时，受教育者在实际生活中也不会完全将已接收的信息外化于行。近年来，过分强调理论而轻视实践的教学理念，已成为阻碍学生将科学理论和高尚品德转化为日常行为的重要因素。内化与外化作为思想政治教育的两个核心领域，对教育成效具有决定性影响。因此，应持续将外化理念融入教学理念和教学过程中，以确保从内化到外化的有效转化，实现二者的和谐统一。

第三，确保思想政治教育价值取向的单一性。在当前多元文化交融的社会背景下，个人价值与社会价值的集中体现面临挑战。过分强调个体在现实中的利益获取，并未充分考虑个人全面发展的协调性。价值取向偏向于个人的即时发展和利益，缺乏从长远、宏观和全局的视角进行思考，甚至未能妥善处理个体价值与社会价值之间的辩证关系，这些问题亟需我们给予关注。一方面，思想政治教育的价值取向趋向功利化，学校和教育者将思想政治教育视为获取成就的手段之一。在这种功利主义的推动下，受教育者成为实现价值的工具，导致教育者无法全心投入于教书育人的本职工作，受教育者内心的内化过程亦难以实现；另一方面，思想政治教育的价值取向趋于知识化，在教学过程中，过分强调应对考试和获取高分，将机械地传授理论知识作为主要目标。因此，学生难以深入理解知识的内涵和外延，仅停留在表面和浅显的层次。

第四，正确处理德育与智育的关联性。德育构成了思想政治教育的关键部分，它体现了认知、情感、意志和行为这四个方面的综合体现。在德育的形成过程中，受教育者对道德的认知构成了起始阶段，随后伴随着情感的提升和意志的锻炼，最终在具体行为中得以体现。智育则主要致力于帮助受教育者认识世界，掌握知识技能，并形成正确的价值观，以解决实际问题。显然，智育与德育的形成过程迥异，但两者均为个体发展所必需。同时，它们之间存在一定的联系：智育为德育提供了认知的基础，缺乏智育的智力支持，德育的追求将难以实现；而德育则为智育的发展提供了方向性的指导和思想基础，没有健全的思想道德，智育的育人功能亦难以发挥。然而，由于长期的应试教育影响，学生往往过分重视专业技能和学术成绩，而忽视了德育的重要价值和地位，导致对社会意识、民族意识和个人价值观的认识不足。作为思想政治教育的关键阵地，高校应当将德育工作置于显著位置，妥善处理德育与智育之间的对立统一关系，以促进德育与智育工作的均衡发展，进而实现个体的全面成长。

二、高校思想政治教育工作观念创新的路径

高等教育从业者作为高校思想政治教育的领航者，必须以高尚的道德为师表，以端正的行为为楷模，这是其职业的基本要求。同时，他们应当紧随时代的步伐，不断更新教育理念，以满足时代发展的需求。

（一）树立以学习者为中心的教学理念

在新时代的发展阶段，中国有望实现更加完善的教育体系和更高质量的就业服务。然而，传统的封闭式课堂教学模式，其中教育者占据主导地位，通过单一的知识理论灌输方式来教育学生，已无法适应新时代大学生多样化需求的特征。现代化教育更加强调以学习者为中心，尊重学生的主体性，将"有教无类，因材施教"的教育理念贯穿于整个教育过程，构建平等、和谐、互助的师生关系。将创造适合学生发展的教育作为当前教育发展的核心价值追求，作为高校思想政治教育发展的新起点。教育者在教育过程中应从主导者转变为引导者，致力于成为教育教学课程的开发者和建设者，提供多元化的课程选择以满足学生多样化的需求，从而提升教育质量。此外，教育者应正确认识到学生是发展中的、独特的、具有独立意义的个体，尊重学生的人格尊严和基本权利，将思想政治教育与学生的全面发展紧密联系起来，以全新的时代视野和时代精神培养学生成为德智体美劳全面发展的社会主义建设者和接班人。

(二)树立渗透教学的理念

渗透教育的渗透性,是指在思想政治教育工作中,与教学、管理等业务工作相结合,贯穿并渗透其中的一种教育方式、途径和原则。教育工作者作为知识的传播者和价值观念的引导者,必须普遍认识到课堂知识在价值观教育中的作用,重视在教育教学过程中将学科知识传授与价值观教育有效结合,不断促进二者的和谐统一。尤为重要的是,要将习近平新时代中国特色社会主义思想融入教学过程,使之成为课堂内容的一部分,增强学生在各专业学科领域对这一思想的认同,用以武装学生的头脑,并引导他们在形成正确价值观判断的基础上作出理性选择。同时,教育者应具备扎实的专业知识,将各种知识和思想融会贯通于渗透教育的实施过程中,帮助学生提升综合素质,准确把握大学生身心发展的规律,确保渗透教育工作有针对性地开展,实现教师的优质教学,促进学生德智体美劳全面发展和健康成长的目标。

(三)树立"三全"的育人理念

习近平总书记在高校思想政治工作会议上强调,必须将思想政治工作融入教育教学的各个环节,确保教育的全过程、全员、全方位育人。这一"三全"育人理念,指在新时代高校思想政治教育中,要实现教育的全程性、全员性和全方位性。高校在开展大学生思想政治教育时,应坚持将德育融入所有专业学科的教学过程中,不仅依托专业的思想政治理论课程,还要发挥其他专业学科的育人作用,将知识传授与学生价值观、人生观的塑造相结合,使知识转化为学生的实际行动。高校党委需将育人理念贯彻到各级党委中,包括院党委、系党委及基层党组织,充分发挥党的引领和榜样作用。高校教师应以身作则,成为学生的知识导师和思想上的良师益友。辅导员应密切关注学生的思想和生活状况,及时提供心理疏导和帮助。高校应认识到,学生的教育不仅是学校的责任,还需要与家庭教育协同合作,促进学生的全面发展。同时,不可忽视社会教育的影响,引导学生提升辨别是非的能力,防止社会不良因素对学生的身心健康造成伤害,确保全方位育人的目标得以实现。

(四)树立师生平等的教育理念

传统的"师道尊严"教育观念将教师置于一个不容置疑的神圣地位,这种做法限制了众多学子的创新思维与灵感的迸发。随着新媒体技术的蓬勃发展及其在大学生群体中的普及应用,学生获取知识和信息的渠道已不再完全依赖于教师和教科书。在新媒体时代背景下,现代大学生不再盲目崇拜"教师的权威",而是更倾向于倡导一种民主、平等、互敬的师生互动模式。

(五)树立加强民主对话的工作理念

民主对话体现了平等师生关系的内在要求,同时新媒体作为对话式媒介的特性也使之成为必然。新媒体赋予了信息发布者和接受者双重角色。在开展思想政治教育工作时,必须转向新对话主义的理念,认识到在新媒体环境下,思想政治教育是一种师生共同参与、体验的教育活动,是双方对个体价值认识与提升的过程。因此,思想政治教育工作者应当避免引发师生冲突的因素,重视促进合作的因素,提倡对话、理解、合作与共享,以达成认同与信任的正和博弈,进而构建和谐的校园文化。

(六)树立"度"的观念

所谓的"度",存在多种阐释。在思想政治教育领域,"度"指的是教育的深度与界限。具体而言,它涉及将积极性与科学性相融合,遵循客观规律,并基于思想政治教育的具体环境及人民群众的实际思想状况,对教育的地位、作用进行准确理解,对教育内容的设定、教育方式与方法的选择,以及对教育效果的预期,都应恰如其分地掌握,排除各种错误思想和思潮的干扰,以实现思想政治教育的最佳成效。当前,我们提倡对思想政治教育的"度"进行正确认识和恰当把握,主要涉及以下几个方面的问题。

1. 关于思想政治教育地位的"度"

在当前我国社会主义现代化建设的进程中,正确理解思想政治教育的重要性,似乎是一个不言自明的问题,理应为各级党政机关及思想政治工作者所熟知。然而,在实际操作中,对这一问题的认识和把握并不总是精确无误,存在两种可能的偏差:一方面,思想政治教育被过分强调，赋予了超越其实际作用的统领地位；另一方面，则是对其重要性认识不足，甚至忽视其存在，将其视为可有可无的元素。为了准确把握思想政治教育的地位，我们必须反对和纠正上述两种错误倾向，确保思想政治教育工作得到恰当的定位。首先，思想政治教育应当服务于党的中心工作；其次，党的长远目标和当前任务的实现，离不开思想政治教育的支撑与保障；最后，思想政治教育是实现党的政治领导不可或缺的一部分。

2. 关于思想政治教育作用的"度"

在探讨思想政治教育的功能时，我们应避免两种极端的观点。一方面，有人认为思想政治教育具有无所不能的效力。在评估经济、文化、科技的发展水平以及人们的思想和精神状态时，往往将其与思想政治教育紧密联系起来。当工作取得进展和成果时，便归功于思想政治教育的成效，并从中总结经验；反之，若工作遇到挫折或问题，则归咎于思想政治教育的不足，甚至对从事该领域工作的人员进行讥讽和嘲笑，似乎思想政治教育能够决定一切。另一方面，也有人认为思想政治教育毫无用处。这种观点认为，在市场经济体制下，竞争的鼓励、法治的强调以及个体自由发展的空间的赋予，是人们思想的基本趋势。在这种环境下，思想政治教育对市场主体似乎并无帮助，无法体现其价值，因此被认为没有实际作用。此外，由于思想政治教育缺乏强制性，人们可以选择听从或忽视。

然而，要准确理解思想政治教育的功能，上述两种观点均显得过于偏颇。思想政治教育确实具有其重要的作用，但既非全能也非无用。其导向作用、保证作用、协调作用和育人作用是不容忽视的。同时，我们也必须认识到思想政治教育的局限性。作为上层建筑的一部分，它必然受到经济基础的制约，其对经济的影响是间接的，不能直接产生经济效益；在当前阶段，思想政治教育必须服务于并服从于党的路线、方针、政策，不能与之相悖；此外，思想政治教育具有时效性，随着时代的发展，教育内容、方法、效果以及教育对象的思想状况都会发生变化，因此不能期望其效果是一成不变的。

3. 关于思想政治教育内容的"度"

思想政治教育的核心内容包括教育的主题、教育的方法以及教育目标的实现。思想政治教育的适度性体现在对教育内容量的适宜选择，以及对人的全面发展促进的适度把握。所谓内容量的适宜选择，意味着在开展思想政治教育时，必须符合时代精神，同时根据教育对象的特性，有针对性地挑选教育内容。所谓准确性上的适宜，指的是思想政治教育应针对教育对象的思想特征和实际情况，提供解答和指导，有效地解决人们的思想困惑。而促进人的全面发展的适宜性，则反映了对教育对象的人文关怀，以及思想政治教育目标层次的提升。

4. 关于思想政治教育方式方法的"度"

在当前时期，如何进行思想政治教育，曾引起诸多人士的困惑。传统的教育手段似乎已不再适用，而新的方法又尚未掌握，温和的策略似乎效果有限，而强硬的手段又不宜采用，这导致了一部分人感到迷茫。然而，随着改革开放的深入和市场经济体制的确立，社会发展至今，回顾当时的困惑，是可以理解的。社会的发展是不以个人意志为转移的，当社会环境发生根本性变化时，思想政治教育必须勇于面对新环境、新情况，并在此过程中发挥其能动性。因此，思想政治教育的方式方法也应随着时代的发展而更新。

在新旧方法皆可采用的情况下，如何选择合适的方式方法？显然，应选择那些有效的方法。在不同方法的有效性存在差异时，应优先选择效果更为显著的方法。这就涉及对教育方法有效性的评估问题。哪些方法效果更为显著，哪些效果较弱，需要进行科学的评估，并根据评估结果进行排序。如果条件允许，应在突出重点的同时，综合运用多种方法；若条件限制，无法同时使用多种方法，则应选择那些效果显著、效率高的方法，以实现最优选择。

5. 关于思想政治教育对象的"度"

思想政治教育的实施，旨在对受教育者施加影响，其成效需通过受教育者的接受程度及行为表现来评估和验证。在对思想政治教育对象进行评价时，无论是对其基本思想状况的评估，还是教育要求的设定，抑或是对教育效果的评价，都应秉持适度原则，确保评价的客观性和恰当性。具体而言，首先，对受教育者基本思想状况的评估应当适度；其次，对受教育者接受程度的要求也应适度；最后，对教育成效的评价亦需保持适度。

（七）树立"时效"观念

时效在法律领域具有显著的实践意义。此处所探讨的思想政治教育时效，特指在特定时段内思想政治教育的效力。与法律时效的严格性相比，思想政治教育时效呈现出以下特征。首先，时间界限的相对不确定性。法律时效制度极为明确，无论是诉讼时效还是追诉时效，其期限都规定得十分精确，一旦超过既定期限，法律效力即告丧失。而思想政治教育时效虽亦涉及特定期间，但该期间的界定较为模糊，时间的微小变动通常不会影响其有效性。其次，作用对象的决定性。法律时效与法律约束对象无关，其法律效力完全取决于法律规定。思想政治教育时效虽受多种因素影响，但其效力的实现主要取决于教育对象的接受程度。最后，执行方式的非强制性。法律时效一旦确定，在其有效期内具有强制执行力，不受当事人意志影响。而思想政治教育时效不具备强制性，其实施依赖于教育者的引导和教育对象的自愿接受，任何试图强制执行思想政治教育的做法都是不恰当且难以实现的。

思想政治教育时效可进一步细分为短期时效与长期时效。短期时效指的是在特定阶段或期间内，通过思想政治教育的实施，使教育对象基本接受教育内容，达到预期的教育效果。例如，四年制大学本科生在学习期间，通过学校的思想政治教育，能够顺利适应大学生活，妥善处理德、智、体、美、劳等各方面关系，顺利完成学业，并在心理健康、世界观、人生观、价值观等方面与学校教育要求保持一致。长期时效则指阶段性思想政治教育不仅在当前阶段产生效果，而且其影响持续至教育阶段之后，超越了特定期间，之前所受的教育继续发挥作用。例如，高等学校对大学生进行的思想政治教育不仅在学习期间发挥作用，而且所形成的政治理论、思想观念、道德品质以及世界观、人生观、价值观等对学生的未来社会生活乃至一生都具有深远影响。

确立时效观念具有重要的意义。首先，确立时效观念要求思想政治教育必须追求效率。面对不同的人群、不同的教育内容和方法，在相同的时间内，教育效果可能存在显著差异，思想政治教育的效率和影响力各有不同。因此，确立时效观念时，必须追求思想政治教育的效率。要提高效率，就不能消极等待，而应积极主动；要提高效率，就必须注重实效，以最小的投入获得最大的效果。其次，确立时效观念有助于实施思想政治教育的阶段性划分，由表及里，由浅入深。时效意味着在特定时间或阶段内思想政治教育的效力。显然，对于教育对象而言，不同时间、不同生活阶段对思想政治教育的需求是不同的。确立时效观念时，应当将教育对象的人生经历划分为若干阶段，在特定阶段或时期采取相应的思想政治教育措施，以求达到最佳效果，实现教育层次的逐步提升。最后，确立时效观念有助于认识思想政治教育的长期性，从而克服一劳永逸的错误观念。

第三节　高校思想政治教育工作内容的创新

高等教育中思想政治教育的核心目标在于坚定广大学生对中国特色社会主义的信念，以及确立正确的世界观、人生观和价值观，培养其成为对国家、民族、社会及家庭有贡献的人才。因此，思想政治教育必须以社会主义核心价值体系为根本，同时积极融入与时代发展相适应的新内容。教育内容的调整应基于教育目标和学生身心发展规律的变化，以及时代和社会进步的需要，不断充实和完善，这是思想政治教育创新发展的首要任务。[①]

一、高校思想政治教育内容创新的目标

高等教育中思想政治教育内容的创新目标构成了一个多元化的综合体系。我国高校在思想政治教育内容创新方面，旨在深入继承和坚守马克思主义的思想理论及政治立场，同时致力于坚持和发展中国特色社会主义理论体系，积极弘扬和培育民族精神与时代精神。此外，更为关键

---

①刘建锋. 新时期高校思想政治教育内容创新研究[J]. 集美大学学报(教育科学版), 2019, 20(01):7-14.

的是，通过创新，旨在有效提升大学生的公民道德素养，并促进其全面成长。具体而言，创新内容涵盖了以下几个方面。

（一）更好地继承和坚持马克思主义思想理论和政治立场

中国近现代史的发展历程清晰地表明，马克思主义的指导地位和中国共产党的领导地位的形成具有历史的必然性。作为一个社会主义国家，中国共产党作为无产阶级和中华民族的代表，成为中国特色社会主义事业的领导核心。因此，马克思主义作为中国共产党的指导思想，也自然成为当代中国社会意识形态的核心，并且成为高校思想政治教育的主导思想。马克思主义的指导思想决定了社会主义核心价值体系的性质和发展方向。继承和坚持马克思主义的思想理论和政治立场，是社会主义核心价值体系教育的核心要求，也是维护社会主义文化建设性质与方向的必然要求。我国高校的首要职责在于培养具备"四有"品质的社会主义事业接班人。高校思想政治教育内容创新的首要目标，就是要更好地继承和坚持马克思主义的思想理论和政治立场，确保马克思主义在社会主义意识形态领域中保持其指导地位。

（二）更好地坚持和发展中国特色社会主义理论体系

中国特色社会主义理论体系是马克思主义在中国具体实践中的理论结晶。该理论体系不仅是高校思想政治教育的指导原则，亦构成其教育内容的核心。在我国，社会主义建设的持续发展必然要求坚持马克思主义的指导地位。当前，我国经济社会发展正处于关键的调整阶段，中国特色社会主义理论在实践中不断得到充实和完善。它既承继并发扬了中华民族的传统文化精华，又批判性地吸收了世界各文明的优秀成果；既体现了思想道德建设的先进性，又兼顾了普遍性；既坚持了社会主义文化的前进方向，又适应了不同层次群众的思想实际；既具有广泛的适用性和包容性，又是联结各民族、各阶层的精神纽带。当前，高校青年学生的思想和心理活动表现出显著的差异性，同时他们对思想意识的独立性和选择性也极为强烈。因此，高校思想政治教育内容的创新，必须在继承和坚持马列主义经典理论的基础上，进一步发展中国特色社会主义理论体系。要将这一理论体系融入课堂、教材和学生的思想中，用以教育和武装青年学生，使他们坚定马克思主义的理想信念，深刻理解和掌握中国特色社会主义理论，并能将其应用于指导个人的实践和生活。通过创新高校思想政治教育内容，可以使教育更加贴合大学生的实际需求，更易于被他们接受，并有助于坚持和发展中国特色社会主义理论体系。

（三）更好地弘扬和培育民族精神和时代精神

中华民族的民族精神，以爱国主义为核心，融合了团结统一、勤劳勇敢、爱好和平以及自强不息的特质。这一精神是中华民族创造辉煌文明、持续繁衍、展现旺盛生命力的基石。民族精神是民族的脊梁，是民族自信与力量的泉源。时代精神则代表了每个时代的普遍精神特质，它超越个人，体现为一种共同的集体意识。时代精神主要反映在社会主流意识形态之中，然而，并非所有意识形态现象都能体现时代精神；只有那些反映时代发展潮流、对社会生产发展产生积极影响的意识形态，才真正代表了时代精神的具体体现。时代精神是人们在文明建设过程中所展现的优秀品质和精神风貌，是推动国家和民族奋发图强、振兴祖国的强大力量，也是新时期精神文明建设的关键要素。时代精神映射出一个时代人类社会发展的基本趋势，并已成为世界大多数国家和人民共同的意志、愿望和精神追求。培育和弘扬中华民族的民族精神，能够有效抵御西方不良思想对当代大学生的影响，最大限度地凝聚和动员大学生的力量，为建设中国特色社会主义提供精神动力和智力支持。因此，当前高校思想政治教育内容的创新，必须更加注重弘扬和培育民族精神与时代精神。

（四）更好地提高大学生的道德素质和促进大学生的全面发展

作为国家未来的栋梁之材，大学生的道德修养提升和全面发展对于提高民族整体素质至关重要。大学时期是道德教育的关键阶段，因此，特别强调培养爱国守法、团结友善、明礼诚信、敬业奉献、勤俭自强等社会普遍推崇的基本道德规范显得尤为关键。针对高校的学生，加强道德教育，结合社会现实，将与社会体制相契合的公民道德素质教育融入高校的思想政治教育之中，对于为大学生奠定坚实基础至关重要。唯有在大学阶段持续不懈地进行细致的道德教育，逐步渗透道德教育，才能真正提升大学生的道德修养，为社会培养出具有坚实道德基础的公民，为全面建设小康社会提供强大的精神动力和道德支撑。同时，人的素质是多方面的，包括身体、心理、思想道德以及科学文化素质。人的自由发展意味着主体性和独特性的增强。马克思主义认为，教育是实现人的全面发展的根本途径。人们对于不熟悉的社会内容，大多可以通过教育来掌握，例如通过教育了解和熟悉社会的生产流程，发现个人的兴趣爱好，选择职业发展方向，以及了解更多的社会动态，避免传统社会分工的局限性。马克思关于人的全面发展理论，为我们指明了促进大学生全面发展的方向，并奠定了高校思想政治教育的理论基础。高校思想政治教育的终极目标是促进大学生的全面发展，培养他们成为中国特色社会主义事业的合格建设者和可靠接班人。为了实现当前大学生的全面发展，在高校必须开展有效的思想政治教育，并在创新思想政治教育内容的过程中，坚持以促进大学生全面发展为目标，努力发掘并有效提升高校思想政治教育的实效性，以增强其内容的吸引力和感染力。

二、高校思想政治教育内容创新的原则

强调高校在思想政治教育内容上的创新，绝非无的放矢，必须恪守一定的原则。高校在思想政治教育内容上的创新，唯有坚守必要的原则，方能有所遵循，确保思想政治教育内容的创新满足培养社会主义"四有"新人的需求，同时确保高校在思想政治教育内容上的创新工作能够健康、有序地顺利推进。

(一)坚持马克思主义理论的指导地位

马克思主义理论构成了社会主义核心价值体系的核心，是我们党立国的根本指导思想。高等教育中的思想政治教育内容，必须以马克思主义理论为根本遵循。在高等教育的思想政治教育领域，马克思主义理论的指导地位是不可动摇的。随着改革开放的不断推进，我国社会的经济成分、组织形式、利益关系以及分配关系日益多元化，人们的价值取向、社会意识和生活方式亦呈现出日益丰富的多样性。面对这些变化，我们既要尊重差异、包容多样性，更应强调并坚持指导思想和主导价值观的重要性，重视并巩固社会主义的理想信念，以共同理想汇聚力量，并坚定不移地维护马克思主义的指导地位。唯有如此，我们才能最大程度地形成思想共识，充分发掘并鼓励来自不同阶层、不同群体的积极思想力

量，共同致力于中国特色社会主义的建设。

（二）坚持以中国特色社会主义理论为主体

中国特色社会主义理论是马克思主义基本原理与中国实际相结合的理论成果。自中国共产党成立以来，一直以马克思主义的世界观和方法论为指导，在领导中国人民进行革命与建设的过程中，始终将马克思主义的基本原理与中国具体实际相结合，形成了马克思主义中国化的社会主义理论体系，包括毛泽东思想、邓小平理论、"三个代表"重要思想、科学发展观和习近平新时代中国特色社会主义思想等。中国特色社会主义理论是中国共产党在马克思主义指导下，立足于中国社会实际，整合和发展中华民族优秀文化，在中国特色社会主义革命和建设的伟大实践中，不断创新发展、解决现实问题、推进社会主义理论创新的成果。当前，我国在经济社会各方面取得的巨大成就，得益于我们在社会主义现代化建设中开辟了中国特色社会主义道路，形成了具有中国特色的社会主义理论体系。马克思主义中国化是马克思主义在中国传承与发展的重大成果，是中国特色社会主义现代化事业的理论指导，同时也是中华民族的宝贵精神财富。在高校思想政治教育内容创新过程中，必须坚持以中国特色社会主义理论体系为核心，同时运用这些理论来指导和创新高校思想政治教育内容。

（三）坚持以学生为本，从学生实际出发

高校在进行思想政治教育内容创新时，必须坚守以大学生为中心的原则，凸显其主体性。根据历史唯物主义的观点，广大人民群众不仅是物质财富的创造者，同样也是社会精神财富的缔造者，他们构成了社会变革与进步的核心力量。人民群众是推动历史前进的关键动力，是历史发展的真正主人。社会发展的终极目标在于实现人的全面发展与自由，因此，促进大学生的全面发展应成为高校思想政治教育内容创新的核心目标。高校思想政治教育内容的创新，旨在深化对大学生思想层面的引导，真正以大学生为中心，尊重并满足他们在物质和精神层面的发展需求，激发他们的主动性和创造力，以促进其全面成长。高校思想政治教育内容的创新，是在实践中不断探索和实现的，这种创新性的实践活动将促进高校思想政治教育内容的持续完善，提升其实际效果。因此，高

校思想政治教育内容的创新必须紧密贴合当前大学生的实际情况，坚持学生为本的原则，在实践中不断探索和发展适应时代需求的教育内容。

(四)坚持借鉴继承与开拓创新相结合

继承构成了发展与创新的先决条件和基础。历史上的高校思想政治教育内容，无一不是在总结前一时期的成功经验并立足于现实的基础上构建的。脱离了前一时期高校思想政治教育的成果，就等同于丧失了其持续发展和理论创新的条件。若忽视了过往的社会发展历史，高校思想政治教育内容的发展与创新便失去了其根基和前提。同时，汲取西方教育内容发展的有益经验，可以有效地丰富和充实高校思想政治教育内容。继承借鉴的内在目的和必然要求是发展创新，而发展创新又以继承借鉴为前提和基础。因此，高校思想政治教育内容的创新必须是在继承借鉴的基础上进行的开拓创新。高校思想政治教育内容的创新不仅需要继承和借鉴其他相关学科的理论知识，更应在这些理论知识提供的新理论视野下，与时俱进地开拓创新，不断构建符合时代要求的高校思想政治教育新体系。

三、思想政治教育内容创新的依据

(一)思想政治教育内容创新的理论依据

任何学科的构建均需依托于一定的理论基础，而马克思主义的基本理论则为思想政治教育提供了坚实的理论支撑和依据。思想政治教育内容创新的理论基础，源于马克思主义学说本身所具有的时代性特征。马克思主义关于社会存在与社会意识的辩证关系原理，构成了我们制定思想政治教育内容的理论基础之一。马克思主义指出，社会存在决定社会意识，社会意识是社会存在的反映，同时社会意识对社会存在具有积极的反作用。

思想政治教育工作深植于马克思主义所揭示的理论与实践、社会存在与社会意识的内在本质及其辩证关系的科学理论之中。我们进行思想政治教育内容的创新，旨在实现理论与实践的紧密结合，并根据社会实践的发展进行理论上的调整。马克思和恩格斯关于人的本质和人的全面发展的学说，同样是我们确定思想政治教育内容的重要理论依据。"人的本质并非单个人所固有的抽象物，在其现实性上，它是一切社会关系的总和。"（《马克思恩格斯选集》第一卷，人民出版社，1995年）这是马克思主义关于人的本质的经典性阐述。同时，人的发展总是受到历史条件的限制。实现人的全面发展，需要社会提供相应的条件，以保障社会每个成员能够全面发展并展现其全面能力的机会。此外，人的全面发展亦需社会提供的全面教育。因此，思想政治教育内容应根据人的需求和全面发展的要求不断进行创新，以增强思想政治教育的针对性和时效性。

我国高等院校肩负着培养德才兼备的优秀人才的重要任务，这离不开坚实的思想政治教育。因此，高等院校的思想政治教育至关重要，是一项关键的战略工程，它关系到国家社会的稳定发展和民族命运的长远发展。一个人若要扬帆起航，必须先确立目标和梦想，缺乏目标和梦想，扬帆起航只会迷失于茫茫大海之中。"中国梦"是中华民族的伟大梦想，是民族的奋斗目标，是实现中华民族伟大复兴的精神支柱，是民族扬帆起航的目标和动力。同样，我国高等院校的思想政治教育也需要"中国梦"，需要以马克思主义理论为指导，以"中国梦"为方向和目标，从而使高等院校的思想政治教育具有明确的目标导向，为思想政治教育的开展奠定坚实的理论基础。

（二）思想政治教育内容创新的实践依据

思想政治教育在实践领域的进展，可以划分为国内与国际两个维度。

在国内维度上，思想政治教育与经济、管理、业务等领域的活动具有广泛的融合性，并且在现代社会生活中深深扎根。在当前时代背景下，政治、经济以及科学技术的进步不断拓展新的领域，市场经济体制所引发的竞争格局，大众传播媒体所塑造的传媒环境以及国际互联网络，还有由经济和科学技术进步所引发的环境问题、生态问题等，这些新兴领域和新出现的问题，迫切需要思想政治教育内容及时更新以适应这些变化。然而，我国传统的革命道德教育、阶级斗争教育已无法满足社会实践的需求，导致理论与实践之间存在冲突和脱节。我们进行理论创新的关键在于理顺二者的关系，确保理论能够真实反映社会实践，并为社会实践提供服务。

在国际维度上，随着经济全球化和政治多极化的发展，世界各国在政治、经济、文化方面的交流日益频繁，各种思想文化相互碰撞、相互融合。现代科学技术的进步和信息的快速流动，加速了思想文化的交流，并将不同国家、民族、地域的思想文化形态紧密地结合在一起，使得思想政治教育领域变得更加复杂。因此，思想政治教育所面临的挑战前所未有。思想政治教育必须面向世界，已经成为一种发展趋势。面对世界发展向我们提出的新挑战，我们需要有理论上的勇气去回答这些现实问题，不断突破传统框架，勇于创新，使思想政治教育的内容不断丰富。

四、高校思想政治教育内容创新的具体要求

思想政治教育的内容体现了其目标与任务的具体化，科学地选择和确定这些内容是实现思想政治教育目标与任务的关键步骤。因此，思想政治教育内容的选择决定了其整体特性的形成。高校思想政治教育内容的创新并非摒弃传统、追求标新立异，而是在继承传统的基础上，结合时代特征，为教育注入新的活力。当前，高校思想政治教育的核心任务是以理想信念教育为核心，深入进行世界观、人生观和价值观的塑造；以爱国主义教育为重心，深入进行民族精神的弘扬与培育；以基本道德规范为根基，深入进行公民道德的教育；以大学生的全面发展为目标，深入进行素质教育。这为高校思想政治教育内容的创新提供了明确的方向。

当前，高校思想政治教育应运用具有现代化发展趋势、反映时代特征的人物和事件来引导学生，选择和创新与开放、竞争、信息、创新环境相关的内容，以此感染和激励学生。高校思想政治教育内容创新的具体要求包括以下几个方面：

(一)使高校思想政治教育内容贴近社会现实

目前，我国高校思想政治教育面临的主要挑战在于其发展的滞后性，具体表现为教育内容未能与时俱进，与经济发展的步伐以及国内外形势的演变存在差距。针对这一核心问题，思想政治教育工作者需进行大量深入且细致的研究工作，以探索与现实情境相契合的思想政治教育内容。唯有如此，方能有效激发大学生对社会现实的兴趣，促使他们以正确的政治和思想观念审视我国社会主义现代化进程中涌现的社会问题，并运

用自身的智慧与才能去应对和解决这些问题。

（二）使高校思想政治教育内容贴近专业要求

高等教育的核心宗旨在于培育具备专业技能的高级专门人才，确保他们毕业后能够满足社会各层面岗位的需求。然而，由于长期以来将专业理论与技能学习同思想政治教育人为割裂的倾向，导致高校思想政治教育在大学生中缺乏足够的欢迎与重视。与此同时，与学生专业学习紧密相关的思想问题和矛盾往往未能得到妥善处理。若此问题处理不当，其潜在的危害将极为严重。因此，高校思想政治教育的内容必须与学生的专业选择、学习过程以及专业素质的提升紧密结合，以培养出全面发展的大学生。

（三）使高校思想政治教育内容贴近学生思想实际

学生的思想实际是指学生在思维活动中形成的，对社会生活和现实状况的理性认识和观念。长期以来，我国高校思想政治教育内容陈旧，缺乏变化，过分强调共性，教条主义倾向严重，忽视了教育对象的个性差异，这导致了高校思想政治教育内容的说服力和感染力不足。因此，高校思想政治教育内容需贴近学生的思想实际，进行具体问题具体分析。对于那些共产主义信念较为淡薄的大学生，应开展马克思主义及人生理想教育；对于那些对国内外形势认识模糊的大学生，应进行形势与政策教育；针对严峻的就业形势，应进行就业观念教育；对于存在心理问题的大学生，应开展心理健康教育。总之，高校思想政治教育内容应紧密联系学生实际，做到针对性强，真正帮助大学生解决学习和生活中遇到的各种现实问题。

五、高校思想政治教育内容创新的方法路径

（一）挖掘中国传统道德文化来诠释新的时代内涵

在当前中国加速发展和完善社会主义市场经济的背景下，大学生群体中频繁出现的道德诚信问题不容忽视。在这一时刻，思想政治教育肩负着不可推卸的责任，需将中国传统道德文化知识融入教育内容之中。中国，作为一个拥有五千年悠久文明历史的国家，其传统文化中蕴含着深厚的教育学生如何立身处世的思想和优良传统。对此，国学大师、历

史学家钱穆先生曾明确指出："中国所有教育思想，可以概括为一句话，即'教育人如何做人'，亦即所谓的为人之道。"（《国史新论》，生活·读书·新知三联书店，2018年版）因此，高校思想政治教育必须深入挖掘和整理这些宝贵的思想文化遗产，使之"古为今用"，传承和弘扬优秀思想文化的精髓，倡导诚信求职、诚信考试的理念，为中国传统的儒家伦理观、义利观提供新的诠释和时代内涵，从而在纠正大学生道德诚信缺失问题上发挥其应有的作用。

（二）借鉴他山之石

"他山之石，可以攻玉。"审视当前发达国家的高等教育体系，尽管未直接采用思想政治教育的称谓，其课程安排与内容构建中却蕴含了丰富的思想政治教育元素。

以美国为例，网络教育极为发达，涵盖了公民教育、历史教育、法制教育、宗教教育以及信息素养教育等，展现出其政治性之隐秘、拓展性之强烈及针对性之明显三大特征。

英国的高等教育经历了宗教化、宗教与世俗化并行、世俗化三个阶段，形成了宗教性、隐蔽性及多样性的显著特点。英国高校重视传统文化的积极作用，充分发挥显性教育与隐性教育的双重优势，构建了全社会共同育人的教育体系。

在日本，高等教育中思想政治教育内容丰富多样，主要通过以下途径实施：首先是专门课程教学。尽管日本各高校设置的专门思想政治教育课程名称及具体内容有所差异，但通过此类课程加强思想政治教育的目标是一致的。其次是小组讨论。小组研究与讨论是日本高校普遍采用的思想政治教育方式，对深化思想政治教育内容具有独特作用。最后是主题讲座。主题讲座是日本高校思想政治教育实施的关键环节。此外，还有实践活动。在日本，实习、考察、调研等实践活动并非仅是课外活动，而是与课程紧密相关的一部分。日本高校还通过专业课程教育和课外活动等形式，补充和完善思想政治教育内容。

韩国的思想政治教育具有鲜明特色：自幼开始的"孝道"教育深入韩国经济、社会生活的各个层面；以个人为中心，逐步扩展至家庭、学校、社会、国家的思想政治教育内容结构模式；具有韩国特色的"身土不二"爱国主义教育；采用古为今用、洋为韩用的方法；思想政治教育评价坚持多样化原则，从多方面、多角度考察教育效果，强调对学生思想道德品质进行客观、全面、准确的评价。我们应当认真学习和借鉴韩国的"孝子"产业、具有韩国特色的"身土不二"爱国主义精神以及强调知行合一的观念。

北欧国家以其经济繁荣、社会自由、福利优越及人民幸福指数高而著称于世，其思想政治教育对此贡献显著。北欧国家的思想政治教育目标主要包括两个方面：一是反映个人需求的心理品质目标；二是反映国家需求的公民品质目标。北欧国家的思想政治教育特色鲜明，包括思想政治教育的宗教色彩浓厚、重视社会主义核心价值观的宣传与教育、形式灵活多样以及注重隐性思想政治教育。

这对我国思想政治教育具有重要的启示意义：首先，巩固思想政治教育的信仰基础，增强对中国特色社会主义的认同感和适应性；其次，努力拓展思想政治教育的空间，注重实践性和开放性；最后，大力改进思想政治教育的形式，注重柔性灌输与渗透性。发达国家的思想政治教育内容和方式启示我们，创新思想政治教育内容应从多途径、多角度着手。

（三）营造良好的学科环境

大学的学科架构、规模与水准共同构筑了其知识平台，进而决定了创新教育的学科环境。学科环境作为思想政治教育环境的关键组成部分，适宜的学科环境在一定程度上对通才教育目标的实现具有重要影响。所谓学科环境，指的是大学校园内部能够影响受教育主体的各种学科条件的总和，其构成要素包括学科设置、人员（即教师与学生）、物质资源（如图书资料、仪器设备等）以及观念。科学的学科设置与良好的学科氛围对大学生的成长至关重要，它们构成了高等教育的一种生态系统。

然而，审视当前中国高校的学科布局，我们发现思想政治教育作为一门独立学科，其发展始于20世纪80年代，尚处于起步阶段，学科体系尚未成熟。学术界对于该学科体系内容的构成意见不一，实际运作中亦未获得应有的重视，甚至在某些高校中出现了被边缘化的趋势。从事思想政治教育的教师常常面临冷遇，学科研究在很大程度上局限于自我娱乐的范畴；有的研究沉溺于概念的自我循环，论题愈发抽象，论证愈发烦琐，趋向于小众化；有的则满足于注释、汇编与组合，将思想政治教育学实质上转变为一种"寻章摘句"的学问，导致思想政治教育研究缺乏根基。经过研究分析，有学者指出思想政治教育研究存在"无根性"特征。与其他学科相比，思想政治教育在不同程度和范围内存在"杂、散、疑、平、虚"等问题。为了实现思想政治教育内容的创新，首要任务是完善和加强思想政治教育学科建设，彰显其科学性和规范性，实现其意识形态性和政治性特有的价值。我们不能简单地用"思想教育"、"道德教育"或"政治教育"来替代"思想政治教育"，也不能将其与一般的"公民教育"相混淆，而应将其作为一门独立学科来建设。同时，必须努力克服思想政治教育中实际存在的"两张皮"现象。所谓"两张皮"现象包括：一是部分思想政治教育研究者仅关注理论探讨，忽视现实生活中人们的困惑与不解；二是部分思想政治理论课教师仅机械地传授课本与文件内容，不揭示传播内容的价值与意义；三是部分思想政治教育工作者仅沉迷于日常管理，未能科学地认识与分析大学生新出现的思想问题。这种现象不仅限制了思想政治教育实效性的提升，也损害了学科环境的营造，影响了思想政治教育内容的创新。因此，必须进一步提升思想政治教育者的理论素养，站在学科与学术的前沿，拓展创新视野，重视理论研究及国际学术交流；积极营造科学、理性的学科环境，为思想政治教育内容的创新提供广阔的空间。

（四）优化课程内容体系

课程体系的优化是推行创新教育之根本所在。课程设置是培养具备创新能力人才的关键环节。唯有构建面向21世纪、适应知识经济需求的课程体系，方能孕育出符合知识经济时代要求的高素质人才。在知识经济时代，我们面临的是知识创新瞬息万变的局势，而传统的以学科为中心的课程模式所塑造的学生知识结构与智能结构已无法满足知识经济时代对人才的需求。

创新课程内容体系是思想政治教育改革之核心，也是观念转变之主要实践领域。在论及内容改革时，人们往往自然而然地考虑应根据当前形势及国际趋势的变化，补充新元素或调整布局。实际上，在进行思想政治教育内容的设计与选择时，首要任务是明确教育内容体系应如何确立。只有思路清晰，方能有针对性地确定教育内容。

在我们多年的思想政治教育实践中，虽取得显著成就，但亦有不少教训值得深思。其中，最重要的教训在于教育内容设计应从基础公民素质培养起步，逐步提升至崇高理想的引导，而非一开始就为学生设定遥不可及的目标，忽视了如何引导学生逐步实现目标的过程，导致学生在学习过程中目标模糊，对未来感到迷茫。教育过程应遵循感性认识—感悟—知识的路径，知识为学习的终极阶段，只有经历前两个阶段，方能真正掌握知识。教育过程是获取智慧的过程，旨在培养受教育者的创新能力。然而，长期以来的填鸭式教育使学生易于获得知识，却缺乏探究与感悟，最终仅获得知识而未获得智慧。要改变这一状况，必须从优化课程内容体系着手。可以说，自新时期以来，我国高校在思想政治教育课程设计的理论与实践方面取得了一定进展，但在社会主义市场经济体制建设和高等教育大众化背景下，高校思想政治教育内容设置仍未能充分贴合学生的思想实际。目前我国思想政治教育课程设置仅包括《马克思主义基本原理概论》《毛泽东思想和中国特色社会主义理论体系概论》《思想道德修养与法律基础》《中国近现代史纲要》《形势与政策》五门必修课，形式上显得单一，缺乏多样性，呈现出统一模式化、非个性化的特点。这导致学生的马克思主义理论与实践的知识结构单一狭窄。另一个问题是课程内容设计学术性过强，缺乏灵活性与趣味性，与市场经济中创新型、应用型人才的思想政治素质要求不相吻合，与未来人才培养规格不适应。

审视我国高校思想政治教育课程设计现状，以学科为中心的课程设计观念未充分考虑大学生作为受教育主体的地位，忽视了大学生的主体性；以活动为中心的课程设计主要目标指向学生的实际操作技能和问题解决能力，未充分考虑知识的思想教育价值。思想政治教育课程设计应兼顾大学生的思想需求与兴趣，将科学的知识结构与理论体系相结合，构成思想政治课程内容。思想政治课程设计应将理论与实践有机结合，激发大学生的新奇感，启发其思路，鼓励其大胆探索与设想，放手让其在实践中自我锻炼，依靠自身力量，增强自豪感与自信心，强化思想发展意识。

（五）抓好社会主义核心价值观教育

社会主义核心价值观构成了社会主义核心价值体系的核心，它不仅彰显了该体系的基本属性和特征，而且深刻反映了其内涵的丰富性和实践的指导性，是社会主义核心价值体系的精炼和集中体现。自党的十八大以来，中央对培育和践行社会主义核心价值观予以了高度重视。习近平总书记多次发表重要论述，并提出了明确的要求。中央政治局亦就培育和弘扬社会主义核心价值观、传承中华传统美德进行了集体学习，中共中央办公厅亦颁布了《关于培育和践行社会主义核心价值观的意见》。党和国家的高度重视及有力部署，为加强社会主义核心价值观的教育实践指明了方向，并提供了重要的遵循。

党的十八大明确提出了积极培育和践行社会主义核心价值观的号召，倡导富强、民主、文明、和谐，自由、平等、公正、法治，以及爱国、敬业、诚信、友善。其中，富强、民主、文明、和谐构成了国家层面的价值目标；自由、平等、公正、法治体现了社会层面的价值取向；爱国、敬业、诚信、友善则是公民个人层面的价值准则。这24个字构成了社会主义核心价值观的基本内容。

社会主义核心价值观与社会主义核心价值体系是两个既相互联系又有所区别的概念。从本质上讲，社会主义核心价值观与社会主义核心价值体系是一致的、统一的，它们共同体现了社会主义的核心价值追求，是建设中国特色社会主义不可或缺的重要组成部分。然而，从严格意义上讲，它们之间也存在差异。社会主义核心价值体系涵盖了社会主义意识形态中反映社会主义经济、政治和文化制度要求、体现社会主义发展趋势的核心思想意识和价值观念的总和。而社会主义核心价值观则是对社会主义核心价值体系核心内容和精神实质的高度凝练和抽象概括。具体而言，社会主义核心价值体系是一个由马克思主义指导思想、中国特色社会主义共同理想、以爱国主义为核心的民族精神和以改革创新为核心的时代精神、社会主义荣辱观等多方面内容构成的科学价值体系；而社会主义核心价值观则集中体现了这一核心价值体系的根本目标和要求，即"富强、民主、文明、和谐、公平"等社会最高价值追求。社会主义核心价值体系的内容较为具体全面，而社会主义核心价值观的内容则更为抽象概括。确立社会主义核心价值观与构建社会主义核心价值体系是一个相互促进、有机统一的过程。对于高校思想政治教育而言，加强社会主义核心价值观教育，需要做到以下几点：

第一，坚守高等教育领域社会主义核心价值观教育的主导地位，深刻理解"普世价值"这一西方意识形态的渗透实质。西方发达国家凭借经济科技上的优势，把持着强势话语权，维系着其思想上的统治，以"普世价值"名义推行自身价值观。当今世界，意识形态的冲突突出表现为文化软实力竞争的加大，特别是核心价值观的冲突。在国际舞台上，一些欧美发达国家以"普世价值"为名，试图在核心价值观领域进行渗透，以掌握思想的主导权，并占据道德的制高点。然而，马克思主义通过深入剖析西方自由、民主、人权的阶级本质及其历史局限性，成功地占据了当代人类文明的道德高地。以马克思主义为指导的社会主义核心价值观，构成了我们在新时期把握主流意识形态建设主动权的基石。大学生作为社会化的关键群体，其价值观极易受到多元文化的影响，尤其是那些标榜"普世"理念的价值观更易获得青年学生的青睐。当前，青年学生肩负着构建社会主义和谐社会的重要使命，因此，强化高校对大学生社会主义核心价值观的教育，确保高校在核心价值观教育中的主导地位，是迫切需要的，以增强和巩固青年学生对社会主义和马克思主义的认同。同时，必须运用马克思主义引导学生深入理解资本主义的本质，培养学生形成正确的价值判断和分析能力，从而提升他们的思想道德素质和综合能力。

第二，培育和弘扬社会主义核心价值观，必须植根于中华优秀传统文化之中。稳固的核心价值观，皆有其固有的根基。若舍弃传统、遗弃根本，则等同于切断了自身的精神命脉。中华文化历史悠久，深藏着中华民族最深层的精神追求，彰显着中华民族独有的精神标识，为中华民族的持续发展与壮大提供了丰富的滋养。中华传统美德构成了中华文化的精髓，其中蕴含着丰富的思想道德资源。唯有不忘本源，方能开拓未来；只有善于继承，才能更好地创新。汲取传统文化的精华，立足于我国的发展现实，注重在核心价值观教育中培养时代精神。我国核心价值观的构建，既离不开对传统文化精华的广泛吸收，也离不开对时代要求和发展现实的适应。因此，在高校核心价值观教育中，应立足于中华民族的传统美德，合理地吸收传统文化的精髓，并注重中华文明的传承。同时，在新时代背景下，还需树立时代典范，用勤俭节约、诚信、友善等社会美德塑造新一代大学生。世界各国均高度重视对本民族历史发展过程的宣传，以增强青年学生的民族自豪感和自尊心，培养他们的民族意识和爱国精神。我国对学生的爱国主义价值观教育，只有根植于本国的历史传统，才能有效地实现富有中国特色的社会主义核心价值观教育目标。

第三，强化隐性教学活动在大学生核心价值观教育中的作用至关重要。社会主义核心价值观与高等教育的融合，必须依托于思想政治理论课程的建设。该课程在高校社会主义核心价值观教育中占据着核心地位，发挥着至关重要的作用。我们必须深刻认识到思想政治理论课程的核心地位，充分利用其引领作用，提升其在课堂上的控制力，发挥教师的主导作用，从而全面增强思想政治理论课程在高校社会主义核心价值观教育中的主导作用。除了思想政治理论课程，其他专业课程、选修课程、实践课程以及学生社团活动和校园文化等，均在培育学生核心价值观方面扮演着不可或缺的角色。这些隐性课程通过潜移默化的方式，实现了教育目的的润物无声。当前，我国高校思想政治理论课程面临学生排斥多于喜爱的困境，因此，将核心价值观教育深入渗透至教学、管理、服务及各类活动的各个层面显得尤为重要。因此，有必要将社会主义核心价值观融入文学、历史、艺术、政治等多门课程，以及校园文化、社会实践活动、学生社团活动和学校管理的各个方面，以增强核心价值观教育的实际效果。

第四，扩展核心价值观教育的实施路径，丰富多样地开展核心价值观教育活动。在对大学生进行核心价值观教育的过程中，应采取多种教育方式。思想政治理论课程是大学生核心价值观教育的主要渠道，但并非唯一途径。必须充分发掘和利用各种价值观教育的途径，调动学校所有有利于价值观教育的资源，以开展核心价值观教育。教育学原理表明，社会实践在社会主义核心价值体系教育中扮演着重要角色。首先，社会实践能够促进大学生对社会主义核心价值观的认知转化，将抽象的理论转化为具体的行为，将被动的接受转化为主动的学习；其次，社会实践能够加强大学生对社会主义核心价值观的认同，增强实践体验，澄清理论上的疑惑，从而提升社会主义核心价值观教育的说服力；再次，社会实践能够承载大学生对社会主义核心价值观的实践，提升其个体化和整合力。同时，社会实践还具有辐射作用，是大学生模范践行社会主义核心价值观、增强其影响力的重要平台。微博在社会主义核心价值观教育中也发挥着不可忽视的作用。为了使社会主义核心价值观得到大学生群体的认可和接受，必须进行广泛而有效的传播。微博作为一种新兴的传播媒介，其传播速度快、覆盖范围广、内容互动性强等特点与大学生群体的高素质、活跃性格等特征相契合，已经成为向大学生传播社会主义核心价值观的重要渠道。因此，需要转变社会主义核心价值观的传播理念，重视微博在传播社会主义核心价值观中的重要作用，将大学生关注的现实问题与社会主义核心价值观教育相结合，运用核心价值观来阐释和解释现实问题，充分发挥微博"意见领袖"的影响力，以扩大社会主义核心价值观传播的影响力。

第五，秉持以人的全面发展为核心的价值观教育，强化学生价值判断能力的培养。经验证明，有效的价值观教育既满足社会需求，也符合个人成长的诉求。价值观教育的主体是个人，只有满足学生实际需求、贴近其生活实际的教育方式才更具意义。因此，必须将社会主义核心价值观的教育与学生的成长和发展紧密相连，使核心价值观教育成为学生自我发展的内在需求。学生在不同年龄阶段，其身心发展具有规律性，并伴随着不同的需求。因此，在核心价值观教育过程中，应遵循其身心发展的规律，适时提供职业生涯规划、心理咨询服务、就业指导等支持，帮助他们解决成长过程中可能遇到的情感、学业、人际交往、就业择业等方面的困惑，真正实现以人为本，增强他们对学校的归属感以及对社会主义核心价值体系的认同和亲近。同时，应重视对学生价值观的引导教育，加强价值理性的培养，提升学生的价值思考和判断能力，激发大学生的道德意识，提高他们的道德判断能力。

(六)结合时代特点,创新和丰富工作内容,增强时代感染力

为顺应全球一体化趋势及国内经济多样化发展,思想政治教育工作需与时俱进,创新其内容,以增强时代感召力。例如,在当前国家致力于凝聚人心、追求发展、维护稳定和谐以确保经济增长的关键时期,若在思想政治教育中过度强调阶级相关议题,不仅难以取得预期效果,反而可能产生反作用。再如,在所有制形式日益多样化、多种分配方式并存、私营经济迅速崛起并占据重要地位的当下,若继续沿用传统教育内容来界定相关概念,显然不利于社会团结与稳定,亦不利于高校学生在未来的求职就业中进行价值判断和选择。因此,在开展高校思想政治教育工作时,一个至关重要的原则是在保持核心思想教育内容稳定的同时,结合新环境、新情况,及时更新思想政治教育内容,紧跟时代脉搏,紧贴社会发展实际。具体而言,在实际工作中,应增加全面建设小康社会的相关内容,积极引导广大学生参与这一伟大实践。同时,针对经济社会发展道路的选择,适时补充构建政治文明、精神文明和生态文明的相关知识,引导学生树立科学发展观,既不可单纯追求速度而忽视政治文明、精神文明的重要性,也不可因建设政治文明、精神文明而忽视社会各项事业的全面进步和人的全面发展。应走生产发展、生活富裕、生态良好的生态文明发展之路。唯有创新和丰富工作内容,才能提升思想政治教育工作的时代感召力。

第一,在新时代的发展阶段,高校思想政治教育工作应聚焦于培育担当民族复兴大任的青年学子。为此,必须加强社会主义核心价值观在高校思想政治教育中的引领作用,重视培养学生的实践能力与养成教育。应持续将社会主义核心价值观融入高校领导层、全体教职员工及学生的学习、工作和日常生活中,使之成为全体成员内心的情感认同,并体现在日常行为习惯之中。同时,高校应广泛开展理想信念教育,深入宣传习近平新时代中国特色社会主义思想和中国梦,积极倡导民族精神和时代精神。此外,高校可组织班级层面的集体精神文明创建活动,如文明宿舍和优秀班集体的评选,通过不断强化思想道德建设,提升大学生的道德文化素养。

第二,高校作为研究和传播马克思主义及其中国化最新理论成果的

关键场所，不仅肩负着引导大学生深入理解和掌握习近平新时代中国特色社会主义思想的使命，还要求教育工作者引领学生站在理论创新的前沿。因此，高校应致力于构建具有中国特色的哲学社会科学体系，努力打造既体现中国风格又符合本校特色的学科体系和教材体系。高校应持续构建以马克思主义理论学科为引领，其他相关学科领域为支撑的学科体系，将习近平新时代中国特色社会主义思想的核心理念融入各学科领域，以完善哲学社会科学学科体系，增强其话语权；同时，高校应制定具有地方特色的学科专业教材，深入挖掘红色文化资源的价值，以提升哲学社会科学教材的思想性和民族性，构建符合新时代中国特色社会主义发展要求的教材体系。

第四节　高校思想政治教育工作方法的创新

在经济全球化的当代，在社会信息高度共享和开放的背景下，大学生接触和选择信息的渠道与途径日益广泛，接触的信息量和内容亦日益丰富。由于他们特定的年龄和心理特征，兴趣的广泛性和思想的活跃度、开放性显著增加，呈现出多元化的趋势。传统的教育模式已逐渐无法适应新的形势要求。因此，如何有效地将新的教育内容传递给受教育者，并使其内化为个人的行为准则，对于思想政治教育工作而言，构成了一个全新的挑战。①

思想政治工作作为党的核心任务，历经发展，已构建起一套科学的方法体系，包括传统的灌输法、榜样示范法、自我教育法等。这些方法在现代化教育中仍展现出强大的生命力。然而，随着互联网技术的迅猛发展和网络媒体平台的兴起，传统思想政治教育方法的局限性逐渐显现，导致高校思想政治教育未能取得预期成效，甚至可能引发大学生的抵触情绪。传统教育观念将学生视为被动的知识接受者，这与当代大学生思想独立、个性鲜明的特点不相契合。因此，必须在继承传统的基础上进

---

①冉亚周. 新时期高校思想政治教育方法的创新[J]. 西部素质教育, 2019, 5(03): 41.

行创新，将教育者的单向灌输转变为以学生为主体的双向互动，激发学生的主动参与性，充分发挥课堂教学的主导作用。教育者应不断更新教学内容，将习近平新时代中国特色社会主义理论的核心思想和理念融入高校校园文化和学生课堂，运用习近平新时代中国特色社会主义思想指导教学实践。

一、思想政治教育工作方法创新的必要性

大学生的思想素质是社会环境、学校思想政治教育以及学生自身思想矛盾运动共同作用的结果。在当前社会快速发展的背景下，大学生的思想观念和行为模式也经历了结构性、过程性和表征性的深刻变革。唯有坚持人本主义原则，创新教育方法，方能提升高校思想政治教育的成效，应对新环境下所面临的功能性和方法性的双重挑战。

第一，社会发展引起了大学生的巨大思想变化，要求创新高校思想政治教育方法。目前，我国正经历着深刻的转型、对外开放以及伟大复兴的变革。这一过程中，追求实际利益的观念和道德观对传统思想道德体系的秩序和地位产生了冲击。随着大众民主权利的提升和全球一体化趋势的加强，人们的竞争意识在空间、时间和强度上均达到了前所未有的水平。大众传播媒体和网络空间深入影响了人们的思想领域，极大地改变了人们获取和接受信息及思想的方式。经济和科技的迅猛发展不断引发新的思想、道德和伦理问题，推动人类思想向新的领域拓展。这些变化也导致了大学生思想的结构性、过程性和表征性变化，这些变化既体现在具体行为上，也蕴含在思想形成、发展和转化的规律之中。这客观上要求思想政治教育必须进行改革和创新，以适应教育对象主体性增强的现实。教育方法需要摆脱传统的约束和模板式说教，提供具有选择性和指导性的引导与帮助。由于价值观念的多元化，一些大学生可能会面临文化传承的断裂、信仰权威的缺失以及理想主义的消亡等问题，感到迷茫。因此，需要从文化根源和哲学原理出发，教授学生如何选择正确的价值取向。当前的大学生特别重视社会需求，尤其是市场竞争的要求、导向、规范和价值，以塑造自我。然而，在发展适应社会需求的素质的同时，他们也容易受到"急于求成""舍本逐末""浮躁"等不良倾向的影响。因此，思想政治教育在方法上应注重心理内化功能，提高抵

御外界冲击的能力，确保对学生思想产生持久影响的主动权。

第二，发展高校思想政治教育的功能要求创新高校思想政治教育方法。在现代社会的发展进程中，我们正面向全球、展望未来，并逐渐将"人的全面发展"作为推动社会进步的核心动力。思想政治教育的核心功能，必须以人的发展为本，同时面向全球和未来的发展趋势，以满足社会与学生个人发展的需求。教育方法作为实现功能的途径和手段，亦需不断进步与创新。在宏观领域的发展中，我们应更加关注世界政治经济格局的变化以及社会主义现代化建设中日益显现和突出的深层次问题对学生的影响。为此，加强竞争伦理、科技伦理、环境伦理、网络伦理的教育至关重要，以培养大学生的借鉴能力、科学分析能力和适应变化的能力，进而提升他们面向市场、面向世界的思维、道德和心理素质。在面向未来的领域发展时，我们应综合运用社会学、系统学和未来学的知识，在大学生中开展预测教育、超前教育和预防教育，以增强学生对未来的信心，培养他们的自我决定能力，并提高他们对未来的预测、预防和应对能力。这样，我们能够确保思想的前瞻性，减少风险，把握并创造机遇，争取主动权。在专业领域和相关领域的发展中，思想政治教育不仅要在促进学生专业精神、求实态度、科学方法的形成中发挥基础作用，还要充分利用教书育人环境、学生互动环境、物质制度环境、人文氛围环境等，对大学生的思想进行教育和熏陶。

第三，克服传统思想政治教育的弊端要求创新高校思想政治教育方法。在计划经济体制下形成的传统高校思想政治教育模式，过分强调社会本位，忽视了教育对象的主体性，未能真正以学生的实际需求和全面发展为核心。这种模式导致思想政治教育内容重复、空洞、强制，从而削弱了其吸引力和影响力。面对新的环境，思想政治教育工作必须创新方法以克服这些缺陷。在发挥导向功能时，我们不仅要坚持正面灌输和反面批评，还应重视培养学生预测、选择、决策的能力。引导大学生关注个人特长和个性发展，努力实现自我价值，追求在社会中展现独特的、创造性的贡献。在实现保障功能的过程中，应指导大学生妥善处理自主与依赖、竞争与合作、批判与适应之间的关系，培养信息沟通、矛盾缓解、情绪调节的技能，确保每位大学生都能拥有积极的成长、成才、发展、超越的心态。而育人功能的提升应以促进"人的全面发展"为目标，在传统传授思想内容、塑造人格风范的基础上，运用人力资源开发理论、智力和非智力因素开发理论等对学生进行全方位的培养。

二、思想政治教育工作的方法创新

(一)理论与实践相结合

转变传统思想政治教育中偏重理论而轻视实践的模式，将高校思想政治工作与广大学生的日常生活、学习紧密相连，同时结合他们现实生活中所面临的焦点和难点问题，引导他们以问题为导向学习理论，将显著提升教育效果。此外，理论与实践相结合的过程，能让学生切实感受到思想政治教育是帮助他们接触社会、了解现实的桥梁，既注重理论阐述也重视实际操作，从而自然地缩短了思想政治教育工作者与教育对象之间的距离，使得教育内容更容易被受教育者信服和接受。

(二)借助信息网络新媒体技术实现高校思想政治教育手段创新

在经济全球化、政治多极化、信息网络化、文化多元化的时代背景下，传统的教学模式已无法满足时代发展的需求。利用信息网络新媒体技术推动思想政治教育手段的创新，已成为一种显著趋势。

现代网络新媒体所具备的先进技术特性，是传统思想政治教育技术和手段难以匹敌的。它能够实时地将文本、声音、图像、电视信息传递至任何设有终端设备的地点，覆盖所有人群。网络中的每个个体既是信息的接收者，也是信息源的提供者，这为新时期高校思想政治教育开辟了全新的领域，并提供了宝贵的创新机遇。可以断言，在信息全球化的当下，以往那种"口头宣讲、实地走访、手工抄写"的体力型模式，"以时间换取空间"的思想政治教育模式，已无法满足时代的要求。充分利用网络等新媒体技术，推动高校思想政治教育方法的现代化，已成为时代发展的必然选择。

1. 运用各种现代网络媒体阵地,有效开展思想政治教育

在现代网络媒体的各个领域中有效实施思想政治教育，核心在于教育工作者必须及时更新教育理念，紧跟时代发展的步伐，熟练掌握新兴技术，以适应信息时代的需求。网络的诞生与发展是信息时代演进的必

然趋势。网络构建了一个开放性技术架构的生存环境，正如互联网的创始者们所阐述的，互联网的核心理念在于其并非为特定需求而设计，而是一个能够接纳任何新需求的总体基础架构。正是网络基础架构的开放性与人类需求的无限性，激励着人们不断开发新的网络应用技术。每一种网络技术的广泛运用，都会形成一个由网络技术媒介、用户群体以及信息内容构成的微观信息系统，这些微观信息系统实际上构成了一个新的思想政治教育领域。随着网络技术的持续创新与进步，这些新领域也在不断动态发展变化。因此，在这个技术革新浪潮的时代，思想政治教育工作者必须具备前瞻性思维，把握科技创新的时代脉搏，积极利用每一种新技术的积极因素和教育价值，实现对技术应用的主动引导和网络教育领域的主动构建，这是当前高校思想政治教育工作发展的正确策略选择。

在信息传播日益开放的背景下，人们的眼界得以拓宽，素质得以提升，但同时，西方意识形态和社会多元思想的大量涌入也对大学生的理想信念造成了冲击。因此，教育者在推进校园网络硬件建设的同时，更应着力于构建网络"软环境"，通过积极向上、内容丰富的教育内容吸引大学生，使他们聚集在互联网上的马克思主义阵地。首先，教育工作者应深入现代网络媒体领域，适应这一全新的教育环境。他们必须学习网络知识，掌握使用技术和操作技巧，并在日常学习、工作和生活中频繁接触和使用网络。更重要的是，要培养参与大学网络文化生活的意识，主动加强与大学生的网上交往，真正融入网络生活，体验大学生在网络空间的交往、学习、娱乐方式以及他们的思想、心理和行为的发展变化，实现与大学生在同一环境下的交流。其次，教育工作者应不断更新话语体系，熟悉并掌握网络文化，学会使用网络语言，采用大学生喜闻乐见的表达方式，以实现与大学生在网络环境下的有效沟通，增强思想政治教育的吸引力和影响力。最后，教育工作者应转变教育观念，在与大学生平等对话的过程中引导他们的思想和行为发展。网络社会的兴起为当前教育带来了新的文化挑战。传统教育在文化意义上属于"前喻文化"模式，教育者以权威身份向学生灌输知识，缺乏平等交流。而网络时代则呈现出明显的文化反哺特征，大学生在网络使用上处于领先地位，成为网络社区的主体和文化创造者，因此在某些方面，他们反过来成为前辈的知识传授者和信息传播者，形成了具有"后喻文化"特征的文化场域。思想政治教育工作者应充分认识和把握教育文化的时代特征，转变教育观念，创新教育方式，重视与大学生在网络实践中的平等交流和沟通，积极引导他们发挥自主性和创造性，在教育与自我教育的结合中实现发展和进步。

在当代，互联网技术不仅优化了思想政治教育工作者的工作环境，丰富了其工作手段和媒介，更关键的是，它引入了全新的工作模式、思维范式以及价值观念。网络文明显著推动了个体主体意识的发展，当前大学生在平等观念、自主观念、参与观念、选择观念等方面展现出显著的成长和提高，民主参与行为变得更加积极；在思维模式方面，网络的便捷性、开放性、自由性、平等性、共享性使得个体的自由个性和创造性思维能力以及思维水平得到了前所未有的展现，这反映了在信息时代背景下，人的实践发展水平和科学文化水平的提升，并且在精神层面上呈现出自主、自立的精神状态以及更加活跃、理性的独立思考精神状态。互联网时代所带来的教育环境变革和青年大学生思想意识的显著变化，对思想政治教育者提出了新的挑战，这些挑战主要体现在以下几个方面：

第一，注重把价值观念的教育渗透在知识性教育之中。网络思想政治教育的核心任务在于引导受教育者在错综复杂的网络信息环境中辨识真伪、确立正确的立场，并形成独立的观点，进而引导和协助大学生构建正确的价值观体系。在执行此任务时，必须遵循"价值认识的形成依赖于相关真理"这一基本规律，将价值观念的教育融入知识和信息的传播过程中。在学校新闻宣传领域，应积极利用丰富多样的知识性信息发布、客观真实的新闻报道等手段，对大学生的思想发展产生积极影响，致力于使知识性信息或认识的发布与传播服务于促进青年正确价值观的形成。

第二，注重把教育理念和价值观念渗透在校园网络文化的建设之中。大学生群体构成了一个具有高度同质性的特殊社会群体，他们在年龄、心理特征、兴趣爱好以及行为模式等方面展现出显著的一致性，拥有相似的文化需求。校园文化正是这种需求的体现。面对社会大众文化的冲击，以及在网络空间中保持和发展校园文化的需要，大学生们展现出积极主动的态度和创新精神，致力于构建校园网络文化，并在校园网络上塑造自己的精神文化领域。在众多高校中，大学生们已经在校园网络上构筑了属于自己的学习、生活和社交平台，同时也在创造和发展着独特的网络精神文化空间。因此，高等教育工作者应当积极介入并引导校园网络文化的建设与进步，将主流价值观融入这一网络空间，使之成为大学生归属感和文化认同感的载体。

第三，注重把价值观念渗透在技术创新和应用之中。技术蕴含着价值，其价值性体现在知识、方法、程序及其成果之中，蕴含着深厚的内容。互联网的诞生本身就是开放性、创新性、共享性和平等性的体现，如开放的技术架构、公开的软件代码以及自由创新和信息获取等。具体到每一种网络技术，都有其教育价值可以探索和应用。例如，P2P技术（亦称"点对点传输技术"）促进了以信息即时交互为基础的社会交往网络的发展。用户在交换信息资源的同时，主动进行交流和互动，进而衍生出相应的管理规则和交互礼仪。针对此类技术应用的内在价值，思想政治教育工作者可以通过引导和支持大学生开发用于学生集体学习和信息资源共享的公共软件，在大学生网络实践中弘扬利他主义精神，这是加强集体建设、加强集体主体教育的有效途径。

2. 占领网络教育制高点，使思想政治教育进网络

随着现代网络技术的飞速发展，高校思想政治教育工作获得了新的平台和方法，拓展了其活动范围和传播途径，成为我们积极传播主流价值观念的关键领域。因此，高校的思想政治教育工作者必须主动把握网络教育的先机。根据中国互联网信息中心发布的数据，大学生是数以千万计网民中最活跃的群体之一。互联网为校园文化带来了丰富而复杂的信息，这些信息好坏掺杂、正反交织，具有双面性，给高校思想政治教育带来了不小的挑战。众多大学生将网络视为在校园内表达观点、交流情感的主要平台，这对他们的学习、工作、生活以及思想观念产生了深远的影响。

网络显著提升了学生的社会化水平，但同时，许多学生对网络可能带来的负面影响缺乏足够的警觉。因此，必须加强高校思想政治教育在

网络空间的渗透力度。一方面，需要强化大学生的网络道德教育，普及国家互联网管理相关法律法规，制定大学生网络道德规范，开展大学生健康上网的自我约束活动，以自觉遵守网络道德，远离不健康的网络环境；另一方面，应建立思想政治教育网站，积极推进社会主义核心价值观在网络中的传播，组织专业队伍，制作内容富有思想性、趣味性和广泛适应性的优秀信息资源，移植至校园网络，并针对社会热点问题提出正确观点。同时，可在校园网络上设立互动栏目，举办互联网知识竞赛、网页设计竞赛等活动，用正确、积极、健康的思想文化充实和占领网络空间，持续提升思想政治教育网站的访问量和影响力。让思想政治教育内容在"进教材、进课堂"的基础上"进网络"，进一步拓宽思想政治教育的渠道。目前，清华大学、北京大学、浙江大学等高校设立的"红色网站""红旗在线""求是潮"等，无疑是思想政治教育平台的有益扩展。利用网络这一平台，向学生提供与国家、民族或个人利益紧密相关的热点问题，供学生讨论，以增强思想政治教育的针对性和实效性。

3. 利用现代通信传媒技术，提高思想政治教育的实效性

手机短信与微信已经成为人际交往中的一种便捷工具。它们不仅能够作为日常沟通的辅助手段，弥补语言通话的局限，还能够传递新闻、服务信息，并与其他媒体如广播、电视、互联网等实现互动。对于追求时尚潮流的大学生群体而言，手机短信已经成为其生活不可或缺的一部分。对于高校思想政治教育工作者而言，利用手机短信的特殊优势来开展思想政治教育工作，无疑是一种有力的辅助手段。手机微信、手机微博的兴起极大地丰富了大学生的课余生活，促进了人际交流与沟通。然而，不良信息的传播也对心智尚未完全成熟的大学生的健康成长构成了影响。因此，思想政治教育工作者需要有效利用手机短信及网络平台，发挥其积极作用，同时避免其潜在的负面影响，帮助青年学生在使用现代信息工具时能够自觉抵制不良信息，净化校园手机媒体环境。

高校思想政治教育工作者应当充分认识到手机媒介的优势，并有效应对在手机媒介背景下的思想教育工作的挑战，进一步加强和改进大学生的思想政治教育工作。

第一，充分利用手机短信与大学生进行点对点深入交流。通过短信

交流的非现场特性，交流双方得以避免直接面对的尴尬局面。这种交流方式允许双方在不直接面对的情况下，表达一些可能引起分歧且难以直述的意见，从而使得交流过程更为轻松和自在。对于高校思想政治教育者与大学生之间的沟通而言，短信交流为双方提供了充分的思考空间，使教育者能够有足够的时间审慎地提出解决方案，同时学生亦可利用这段时间进行反思和深入考虑教育者的意见。在教育者的引导下，学生能够努力向积极的方向发展。此外，短信交流有助于教育者更深入地理解学生的思想动态和内心世界，发现潜在的思想问题，从而有针对性地进行心理辅导，提高思想政治教育的成效，确保大学生能够以积极和健康的心态面对工作、学习和生活。同时，大学生亦可主动利用短信与教育者沟通，解决面对面交流时可能产生的尴尬，及时表达个人的心理困扰，以获得科学的指导，避免在成长过程中走弯路。

第二，积极开展以手机文化为内容的校园活动。高校应充分利用其知识资源的优势，举办与手机媒介技术相关的讲座及实操培训，以增进学生对手机文化的深入理解。通过手机的多媒体功能，可以举办形式多样的手机文化活动，如手机文学竞赛、手机DV作品竞赛、手机短信竞赛等，以此取代学生沉迷于手机游戏和上网的时间，引导他们主动参与有益身心的活动，并正确理解和发掘手机媒介的正面功能。

同时，应培养学生形成健康且合理的手机媒介使用习惯。思想政治教育工作者需采取相应措施，激励学生积极参与学校组织的各项活动，以拓宽他们的视野并提升社交技能。在参与活动的过程中，帮助学生将生活重心从手机媒体转移，重新发现生活的乐趣，逐步改变他们依赖手机媒介进行情感交流的现状，摆脱对手机的过度依赖，从而培养出健康且合理的手机媒介使用习惯。

第三，创建高校微信平台，弘扬红色微信文化。红色微信特指那些蕴含积极、健康、向上精神的微信内容，涵盖马克思主义、理想信念、社会主义核心价值观，以及世界各地的名人名言、格言警句、中华传统美德和社会公德等励志箴言。在高校中，通过手机微信平台传播校园红色信息的方法包括：首先，组建一支红色微信创作队伍，选拔具备高科学文化素质和坚定思想政治素质的教师、政工干部、辅导员、学生党员等，负责编写和搜集科学健康、积极向上的红色微信内容，并在适宜的时刻向学生推送。其次，构建一个多层级联动的工作机制，建立校级、院级、年级、班级等不同层级的手机微信平台，确保红色信息能够全面覆盖每一位高校学生，从而实现红色微信的教育目的。再次，建立高校双向交流机制，除了由专门的红色微信创作队伍创作内容外，还鼓励全体大学生参与校园红色微信内容的创作，使他们能够对校园红色微信文化提出意见和建议，并亲自参与编写红色微信。最后，建立校园手机号码与红色微信数据库，由高校红色微信创作队伍根据内容进行筛选，将优秀的短信内容录入红色微信数据库，并保持及时更新，确保所有大学生在特定时刻能够接收到高校手机短信平台发布的红色微信。

第四，科学把握微信发布时机，取得良好教育效果。适时发布具有教育意义的微信信息，方能实现有效的教育影响。所谓适时，通常指的是在重大节日、社会重大事件发生之际，以及特定大学生群体活动期间。在重大节日，通过发送节日祝福的微信信息，并巧妙地融入思想政治教育内容，可以在大学生享受节日喜悦的同时，促使他们积极吸收思想政治教育的内涵。例如，在国庆节来临之际，高校思想政治教育工作者向学生发送包含节日祝福的短信，同时融入革命先烈们为建立中华人民共和国所付出的艰苦奋斗的历史，使学生深刻体会到国家成立的不易，从而更加珍惜当下的幸福生活。同时，国内外重大事件的发生（如党的代表大会召开、国际热点问题爆发等）也会引起大学生的广泛关注，高校思想政治教育工作者应抓住这一时机，顺势引导，提升大学生的思想认识。此外，在一些特定时期，如新生入学、学期末考试、大四学生考研、毕业生就业等，大学生普遍面临不同程度的压力和困惑，高校思想政治教育工作者可以通过微信平台及时对学生进行心理疏导，给予鼓励和安慰，成为他们成长道路上的贴心人和引导者。

（三）吸收和借鉴相关的多学科知识充实工作

高校在进行思想政治教育时，面对的是思维最为活跃的青年群体，同时，他们也处于一个社会变革剧烈、环境纷繁复杂的背景之下。因此，思想政治教育不仅需要遵循研究人的思想发展变化的规律，还必须深入了解并掌握教育对象在身心发展变化过程中的社会心理活动规律。教育者应勇于吸纳和借鉴心理学、教育学、社会学等学科的专业知识，积极探寻不同学科知识之间的联系和整合性，以发现其中的规律性，实现"他山之石，可以攻玉"的教育效果。蔡元培先生曾提出"五育并重"的教育理念，他指出："以心理学各方面衡之，军国民主义毗于意志；实利主义毗于知识；德育兼意志情感二方面；美育毗于情感；而世界观则统三者而一之。"（《蔡元培教育名篇》，教育科学出版社，2007年版）这一理念可视作是综合运用心理学中的"知、情、意"来解决思想政治教育问题的典范。

（四）以校园文化为载体进行渗透教育

习近平总书记在全国高校思想政治工作会议上强调，高校应重视文化育人的重要性。他提出，高校应充分利用校园文化的导向功能、环境熏陶功能以及美育功能，将习近平新时代中国特色社会主义思想深度融入校园文化建设之中。通过这种方式，可以营造出积极向上的校园文化氛围，并发挥其价值导向作用，潜移默化地影响和提升大学生的道德情操和文化修养。一个美好的校园环境能够激发精神的兴奋，带来轻松愉悦的感受，并增强对学习生活的信心。长期处于这样的环境中，有助于陶冶情操，提高大学生的审美水平。因此，高校应举办形式多样且高雅的校园文化活动，例如举办先进模范人物的座谈会，让时代精神融入校园生活。校园文化建设应使校园的标志性建筑充满文化底蕴，同时体现科学精神和人文精神，让每个人都能感受到批判与创新精神、民主与自由精神，从而在无形中促进身心的感染与提升。

（五）以社会、高校、家庭相衔接进行日常化教育

高校在开展大学生思想政治教育工作时，必须始终坚持全面、全方位、全员育人的原则。这不仅要求重视学校教育对学生身心发展的影响，同时也要充分认识到社会教育和家庭教育的重要性。为此，应构建起学校、家庭、社会"三位一体"的思想政治教育模式，营造一个家庭、学校、社会共同参与的教育环境，积极关注学生，为学生的全面发展提供全方位的支持。家庭教育作为学生成长的起点，学校教育作为学生成长成才的核心，社会教育则作为学生走向成熟的催化剂，三者共同作用于学生的全面发展。在新时代背景下，高校的思想政治教育工作应注重学

校教育与家庭教育的和谐统一。高校辅导员在学生入学之初，应通过家长会或电话沟通等方式积极收集信息，深入了解学生的发展状况，为后续工作奠定坚实基础。此外，应促进学校教育与社会教育的有效结合，将时事新闻、社会发展中的先进事例和人物引入课堂，以实现对学生的正面引导。最终，应重视社会教育的作用，将社会自发团体和分散的社会媒体资源进行整合，引导其步入正轨，并通过社会文明道德建设与高校思想道德教育的结合，实现内外部教育的相互呼应。

第五节 高校思想政治教育工作制度的创新

制度的形成源于旨在优化社会行为的组织活动。制度与人类之间存在着相互作用和制约的关系：一方面，制度由人类所制定；另一方面，既定的制度又能对人类行为施加规范和限制。当制度对人类行为产生阻碍作用时，人类有能力对其进行修改或废除。因此，制度的优劣对塑造人类行为具有决定性影响，甚至在很大程度上可能左右一个人的一生。鉴于此，面对不断变化的高校学生思潮，思想政治教育工作的制度创新显得尤为关键。为了有效推进高校思想政治教育，必须建立一支具有坚定思想、强大能力、正直作风的教育队伍，而队伍建设必须通过制度化的方式予以明确。同时，为了公正评价思想政治教育的成效，必须构建一套科学合理的评估体系，结合量化考评方法，通过制度创新确保思想政治教育工作的有序进行。①

随着时代变革的深入和我国经济结构的调整，现行的高校思想政治教育工作制度正面临外部制度环境的挑战以及高校内部制度环境的挑战。这两种挑战导致现行制度在应对现实问题时出现了一定程度的不适应性。尽管高校思想政治教育的根本目标——培养社会主义事业的合格建设者和可靠接班人——并未改变，但在不同历史时期和不断变化的教育对象背景下，创新高校思想政治教育工作制度，以促进思想政治教育成果的

①陈阳. 新时期高校思想政治教育工作创新途径[J]. 创新创业理论研究与实践, 2018, 1 (19): 113-114.

有效实现，显得尤为关键。

一、当前高校思想政治教育工作面临的双重制度环境

（一）外部制度环境

随着我国改革开放的深入发展和社会主义市场经济的迅速增长，社会上多元文化思潮的长期存在已成为现实。同时，我国经济社会正处于变革与调整的关键时期，社会主义民主法治制度的建设亦是一个持续的过程。在这一背景下，法制在经济社会中的有效实施面临挑战，这在一定程度上对高校思想政治教育构成了显著的外部压力。首先，即便思想政治教育在道德教育方面取得了成效，解决了学生的认知问题，但如果学生所处的社会环境未能充分尊重和维护法律制度的权威性和严肃性，媒体对这种现象的放大效应可能会动摇学生自身构建的道德体系，进而质疑其有效性。这不仅会削弱教育者的积极性，还可能导致思想政治教育的既有成果遭遇风险。其次，我国正在积极推进社会主义民主制度的建设，但由于历史和现实的复杂因素，该制度曾遭受重大挫折，并在当前实践中仍存在诸多不足和缺陷。加之多元文化思潮的影响，部分学生可能会陷入思想上的困惑，这为高校思想政治教育工作带来了额外的挑战。

（二）内部制度环境

高校在进行思想政治教育时，所面临的内部制度环境主要由沿袭传统且学生参与度较低的管理制度构成。随着时代的演进，学生的特性与现实需求均发生了转变。管理制度作为规范学生行为的"法规"，除了具备法律的引导与规范功能外，还承担着整合与激励的特殊职能。然而，现行的高校管理制度过于强调约束性，而忽视了对学生权益的尊重；部分规定要求过高，导致其实施的可行性和操作性受到严重影响。在校园民主生活中，体现社会主义民主法治精神的制度建设显得滞后，教育实施者的地位过于突出，若操作不当，易使制度失去其应有的权威性和公信力。在发挥整合与激励功能的过程中，大多数管理制度既未能充分吸纳学生的主体性参与，也缺乏对教育实施者的有效激励机制。因此，管理制度往往成为一种与学生脱节、对教育实施者缺乏激励效果的体系，

其结果是制度的约束力和激励力普遍减弱。

二、推动高校思想政治教育工作制度创新的必要性

促进高校在思想政治教育领域的制度创新，是针对当前该领域所面临的现实挑战而提出的必要举措。鉴于人的性格形成受环境影响，因此必须构建一个符合人性发展的环境。环境的构建需要依托于对现实的精准把握和制度上的有效应对。然而，现行的高校在思想政治教育制度方面，无论是在理解现实还是在应对现实方面，均表现出一定程度的滞后性，这凸显了制度创新的紧迫性。

审视现行的制度设计，我们发现其往往局限于管理层面，侧重于通过评估和奖惩体系来实现对施教主体的管理，而对社会整体环境的考量以及社会主义民主法治精神的贯彻则关注不足。虽然高校在应对外部环境挑战时并非能独立完成，需要社会的共同努力，但这并不意味着高校在此方面无能为力。鉴于多元文化对高校学生思想的影响，以及社会上对法制缺乏敬畏、社会主义民主原则贯彻不足、损害制度公信力的不良现象，高校有必要通过制度设计，在学生参与的校园民主生活中贯彻社会主义民主法治精神，提升学生的民主法治意识，通过改善小环境来影响大环境。

此外，现行的管理制度多建立于特定的时空背景下，试图达到一种超越具体时空背景的普适性。然而，在缺乏具体时空背景的情况下，面对不断变化的青年学生群体，这些制度显得僵化和不灵活。如果不能将一线的实践经验转化为制度创新的关键要素，管理制度将被束缚于一种虚假的普遍有效性之中。从这个角度来看，管理制度旨在促进学生全面发展的目标反而被其执行方式所取代。再者，就管理制度的制定过程而言，不仅缺少学生的主体参与，长期以来还忽视了对施教主体的激励机制，导致施教客体被动地接受管理制度的约束，而施教主体缺乏持续执行制度的动力。因此，通过制度创新来改变现状显得尤为迫切。

三、推动高校思想政治教育工作制度创新注重的几个层面

(一)注重把社会主义民主法治精神贯彻到制度创新中

在多元文化思潮的冲击和市场经济条件下，一些破坏民主法治的不

良行为对高校思想政治教育工作构成了巨大压力。面对这一客观现实，我们必须承认并采取包含社会主义民主法治精神的新制度，以构建新的凝聚力，以抵消多元时代对学生思想可能产生的负面影响。同时，我们应采取更为积极主动的措施，应对社会弊端，解决学生所面临的实际问题，并为他们指引方向。这应成为制度创新的核心要求。我们必须超越单纯的理论说教，通过制度和实践，让学生在参与校园民主生活中体验和实践社会主义民主法治精神。例如，在高校学生干部的选拔以及涉及学生个人利益的事务决策中，应通过制度创新，将社会主义民主法治精神的原则融入制度设计，明确相关程序，并确保这些程序得到严格执行，防止在实际操作中出现违反制度、破坏程序、损害制度公信力的情况。虽然这可能会对效率产生一定影响，但一个公平、公正的选拔机制将增强学生的参与意识，有助于树立学生的规则意识和制度意识，使他们在实践中加强对社会主义民主法治精神的价值认同和坚守。

（二）注重发挥施教主体在推动制度创新中的能动作用

在高等教育领域，思想政治教育制度的创新是至关重要的。施教主体作为推动制度创新的关键力量，其主动性和动力对于确保制度的有效实施至关重要。然而，现实中不乏制度仅被制定出来，却未能得到严格执行，导致制度名存实亡的情况。一方面，制度的完善程度和监督力度不足，缺乏有效的监督机制；另一方面，制度制定者自身的积极性未能得到充分调动。在激发施教主体积极性方面，传统做法侧重于通过思想教育提升其认识水平，但受到历史和现实条件的限制，物质激励方面的讨论较少。尽管"精神激励对少数人可能有效，但对大多数人而言，短期内可行，长期则不然。"在新时代背景下，我们不能忽视精神激励的重要性，但仅依赖精神激励显然难以持久。因此，在制度设计时，必须将精神激励与物质激励相结合，重视物质激励的作用。例如，通过明确思想政治教育队伍的权利，保障其应得的利益，包括物质和精神两个层面，从而提高其工作积极性，促进制度的有效执行。

（三）注重加强施教客体在制度创新中的参与度

现行的管理制度在学生参与方面存在不足，即便有所参与，往往也只是表面形式，缺乏深入的参与。制度的制定过程遵循特定的规律，即制度的制定者通过直接参与某些活动，对决策产生影响，形成制度制定者与制度约束对象之间的双向信息交流，从而使制度的制定过程呈现出明显的双主体性。为了创新高校学生思想政治教育工作制度，必须认真考虑学生在制度制定过程中的参与程度。首先，提高学生的参与度，认可其主体地位，将极大地激发学生的能动作用；其次，学生参与制定规范自身行为的制度，将大幅度降低制度制定的盲目性，并有助于学生深入理解制度，增强其主人翁意识，从而提升遵守制度的主动性和自觉性；最后，随着学生主人翁意识的增强，自我管理意识也将得到提升，进而促进学生主动进行自我管理实践。现代德育方法强调培养学生的自主人格、独立思维能力和批判性意识，以促进自律、发展理解能力和批判意识的增强。在学生的自我管理实践中，除了提升团队协作和独立工作能力，学生的道德意识、自律意识和服务意识也将得到加强，这反过来又促进了制度目标的实现。

（四）注重制度创新中刚性原则和柔性原则相结合

制度创新的核心宗旨在于通过精心设计的制度确保既定教育目标得以实现。从制度制定者的初衷出发，其目的在于培养学生成为社会主义的合格建设者和可靠接班人，这与学生个人价值的实现及自我成长目标的达成是一致的。因此，必须将"以学生为本"的理念贯穿于制度创新的整个过程。在制度设计上，应兼顾刚性原则与柔性原则，强调以学生发展为核心，认识到学生不仅是管理的对象，更应注重教育而非单纯的管理，用"发展原则"取代"纠错原则"，改变以往某些制度仅限于约束学生行为，以管理替代教育的状况。然而，柔性原则并不意味着完全摒弃刚性内容，缺乏约束性的制度其权威性亦会受到质疑。实际上，在制度的刚柔选择中，我们主要应避免"过于刚硬"，同时也要防止"过于宽松"。在以往的制度实践中，约束性的条款较多，即刚性内容较多，更多地强调了学生的义务，而鼓励性和体现学生权利的柔性内容较少。因此，制度创新应确保学生的权利得到充分保障，使权利与义务更加均衡，刚性与柔性更加和谐统一。

（五）注重突出制度创新的开放特征、基层特征、实践特征

制度创新并非一蹴而就，而是一个持续发展的过程，它要求我们持有一种包容的心态，不断地从基层汲取新的实践经验。首先，鉴于思想政治教育活动的特殊性质，任何试图建立一个永久且完善的制度体系的企图都注定会失败。因此，制度创新必须保持其开放性，一个开放的制度体系是吸收新鲜实践经验的必要条件，同时也是确保制度创新实践特性的重要基础。新的制度体系应当为新的实践经验预留空间，而不是形成一个自我封闭的系统。其次，我们应当有效地利用基层制度创新主体在制度创新中的积极作用，避免由于基层制度创新主体的分散和数量众多，导致在工作体系中缺乏有效的筛选和及时的确认，从而造成制度通道的拥堵，使得一些丰富的一线思想政治教育工作实践无法得到充分利用，甚至出现"劣币驱逐良币"的不良循环。最后，制度创新必须根植于实践、融入实践、促进实践，并最终回归实践。因此，必须将制度创新贯穿于思想政治教育实践的整个过程，既用制度创新来指导实践，又用实践来检验制度创新的成效。

四、高校思想政治教育工作制度创新的路径

（一）理论教育制度创新

第一，遵循教育规律，根据学生阶段性特点，建立了有针对性的日常教育体系。大学生大致经历三个阶段：大学适应阶段、自我成长阶段、社会适应阶段。针对这三个阶段，我们以职业生涯规划为主线，不同阶段各有侧重地引导学生进行自我规划，形成有针对性的阶段教育体系。

第二，以习近平新时代中国特色社会主义思想研究会等思想政治类社团为依托，积极开展主题教育活动。

（二）学生党建工作制度创新

第一，建立层层负责的党建工作责任机制，学院党委书记是学院学生党建工作第一责任人，学生党支部书记是本支部学生党建工作第一责任人。

第二，建立党员发展预审制、公示制和责任追究制度。切实加强对党员发展工作的组织领导和督促检查，保证党员发展质量。

第三，实行党员承诺制和连带责任制。在各项活动中，共产党员先研究、先发动、先行动；共产党员的先锋模范作用不变，核心作用不变，

主体辐射作用不变；学习上强、组织能力上强、执行力强。

(三)学生日常管理制度创新

第一，为有效预防、及时控制和消除各类突发事件的危害，学院成立安全稳定工作领导小组，制定了突发事件应急预案，对突发事件建立明确的报告制度，对突发事件应急处理实行责任制和责任追究制。

第二，学院实行具有行业特色的学生管理模式，认真落实学生一日生活制度，严格学生请销假制度，严格学生上课考勤制度，严格学生宿舍归寝检查制度。

第三，坚持学生工作例会制度。各年级坚持每周召开学生干部例会，传达有关精神，反馈学生思想、学习生活、心理等方面的情况，及时发现并解决问题。

(四)困难学生帮扶制度创新

第一，院领导班子分别确定一两名困难学生作为帮扶对象，重点解决他们在学习、生活中存在的困难，通过谈心等方式引导他们树立正确的学习观、就业观、价值观。

第二，组织广大教师和学生为困难学生捐款，建立学院学生助困基金。建立困难学生就业帮扶机制，为他们提供"一对一"的就业服务和重点推荐，及时向家长反馈困难生学习、生活、工作等各方面情况。

(五)学生思想政治工作队伍建设制度创新

第一，优化选拔机制。坚持公开、平等、竞争、择优的原则，注重把学历层次高，综合素质好，有一定思想政治工作能力，有奉献精神，热爱思想政治工作的同志选拔到队伍中来。

第二，建立流动机制。遴选优秀的辅导员到学校职能部门挂职锻炼，选取专业素养好的辅导员转为专职教学岗位，有意识地培养一批德育专家，从事德育研究活动。

第三，完善考核机制。从德、能、勤、绩、廉等五个方面对学生思想政治教育队伍进行考核。并分同行考核、上级考核、学生考核三个方面进行，保证考核的全面准确、客观公正。

制度创新是确保思想政治教育结果有效实现的关键所在，"制度更带有根本性、全局性稳定性和长期性"。符合时代特征的思想政治教育工作制度创新需要从具体的实践出发，尊重实践，依靠实践，更需要解放思想、实事求是地扎实推进，把握住关键环节的制度创新对推动思想政治教育工作必将起到重要作用。

参考文献
REFERENCE

[1]蔡雅虹.新时代高校思想政治教育工作路径创新探究[J].兰州教育学院学报,2018,34(12):72-73.

[2]陈胜国.新时代高校思想政治教育创新发展研究[M].北京:印刷工业出版社,2019.

[3]陈阳.新时期高校思想政治教育工作创新途径[J].创新创业理论研究与实践,2018,1(19):113-114.

[4]代贝贝.浅谈高校思想政治教育工作面临的挑战及策略[J].读与写(教育教学刊),2019,16(06):26.

[5]郭凌.思想政治教育简史[M].南昌:江西人民出版社,2016.

[6]呼勤,黄少平.高校思想政治教育学原理[M].成都:电子科技大学出版社,2016.

[7]黄平槐.高校思想政治教育的生态化发展价值研究[M].南昌:江西教育出版社,2012.

[8]焦园庆.浅析思想政治教育工作的社会价值[J].中国多媒体与网络教学学报(上旬刊),2018(08):168-169.

[9]靳玉军,周琪.思想政治教育学原理[M].重庆:西南师范大学出版社,2015.

[10]雷志成.高校思想政治教育面临的时代性问题研究[M].长春:东北师范大学出版社,2018.

[11]李红冠,翟尧,孙智宏.高校思想政治教育[M].石家庄:河北人民出版社,2015.

[12]廖启云.现代化视域下思想政治教育发展研究[M].北京:中国社会科学出版社,2015.

[13]刘纯涛.高校学生思想政治教育工作面临的挑战及改进措施[J].才智,2018(34):181.

[14]刘建锋.新时期高校思想政治教育内容创新研究[J].集美大学学报(教育科学版),2019,20(01):7-14.

[15]刘永.新媒体时代高校思想政治教育工作探析[J].教育教学论坛,2019(42):38-39.

[16]冉亚周.新时期高校思想政治教育方法的创新[J].西部素质教育,2019,5(03):41.

[17]史瑞根.高校思想政治教育工作评价指标体系研究[D].太原:中北大学,2010.

[18]宋秀子.高校思想政治理论课青年教师队伍建设的思考与对策研究[D].太原:中北大学,2017.

[19]孙根.新时代高校学生思想政治教育工作思考[J].佳木斯职业学院学报,2019(10):18-19.

[20]杨宗兴.高校学生干部思想政治教育环境和机制探究[J].湖北财经高等专科学校学报,2011,23(02):9-11.

[21]张可卿.系统思维下的高校思想政治教育管理机制研究[D].上海:华东师范大学,2019.

[22]张旭日.高校思想政治教育评价机制完善对策探析[J].高等农业教育,2017(06):24-28.

[23]赵彩如.高校学生思想政治教育管理体制的完善策略[J].产业与科技论坛,2017,16(17):277-278.

[24]赵静.高校思想政治教育工作质量评价的基本原则[J].思想教育研究,2018(02):69-72.

[25]赵强.高校辅导员队伍建设与大学生思想政治教育初探[J].农家参谋,2019(13):283.

[26]赵曦.论高校思想政治教育的文化使命与创新发展[J].科学大众(科学教育),2019(10):147.

[27]周凌希.新时期高校学生思想政治教育工作的思考[J].课程教育研究,2019(44):77-78.

[28]周秦龙,刘慧.新经济形势下高校思想政治教育管理浅探[J].现代营销(信息版),2019(05):169.